SAURAS-TU T'ÉCHAPPER ?

ESCAPE

UNE AVENTURE AU PAYS DES CONTES DE FÉES

Écrite par Lou Ford
Illustrée par Yohan Colombié-Vivès

Glénat jeunesse

Couvent Sainte-Cécile - 37, rue Servan - 38000 Grenoble
Loi 49956 du 16 juillet 1949 sur les publications destinées à la jeunesse

ISBN : 978-2-344-03399-9
Dépôt légal : mars 2019
Achevé d'imprimer en Espagne en février 2019 par Graficas Estella,
sur papier provenant de forêts gérées de manière durable.

Couverture, couverture du livret d'aventure, couverture de l'inventaire :
Illustrations d'Arthur Rackham extraites des
Aventures d'Alice au pays des merveilles, Lewis Carroll
Couverture du livret d'action, couverture du livret d'indices :
Illustrations d'Arthur Rackham extraites de
The fairy tales of the brothers Grimm, Jacob et Wilhelm Grimm

www.glenat.com

ESCAPE

Prisonnier de ton livre de contes de fées !

Parviendras-tu à déjouer les plans du Chapelier fou ?
Tourne vite la page pour commencer l'aventure.

COMMENT ÇA MARCHE ?

Deux rabats avec :

Une carte pour te repérer

Des objets pour progresser dans l'histoire

Des indices pour t'aider à avancer

Pas besoin de papier ni de crayon !

LANCE-TOI DANS

Un réveil

Il est 21 heures et tu es encore assis à ton bureau. Tu as un devoir très important à terminer pour demain mais, comme d'habitude, tu t'y es pris à la dernière minute… et te voilà obligé de le finir ce soir. Tu t'autorises de petites pauses de temps en temps pour lire ton livre de contes de fées, ou plutôt, le relire, car tu l'as déjà dévoré plusieurs fois. C'est ta grande sœur qui te l'a offert. Il contient les versions d'origine des contes qui, selon elle, sont pour la plupart bien plus sanglantes que celles que l'on raconte aujourd'hui aux enfants.

CETTE AVENTURE !

difficile...

Ton livre est ouvert à une page d'*Alice au pays des merveilles* – ton histoire préférée. Tes devoirs t'assomment et tu finis par te laisser gagner par le sommeil sans même avoir le temps d'aller te glisser dans ton lit. Sans t'en apercevoir, juste avant de t'endormir, tu fais tomber quelques gouttes d'encre de ton stylo-plume sur ton livre.

En te réveillant, tu ne reconnais plus rien autour de toi. Ou plutôt, si ! Mais certainement pas ta chambre. On dirait... la table à laquelle Alice voit le Chapelier, le Lièvre de Mars et le Loir prendre le thé. Tu clignes plusieurs fois des yeux et tu perçois mieux les formes qui t'entourent. Une petite fille blonde à robe bleue est penchée sur toi, elle te fixe d'un air sévère. Hébété, tu te pinces, histoire de vérifier que tout cela est bien réel.

– Quand tu auras fini de faire l'idiot, tu pourras peut-être commencer à réparer tes bêtises ? te lance-t-elle sèchement.

Face à ton air perdu, elle soupire et t'explique :

– Le Chapelier a trouvé de l'encre et il s'en est servi pour réécrire son histoire. Il s'est échappé de notre conte pour aller visiter les autres...

Ah ! Et cette information risque de t'intéresser tout particulièrement : il t'a aussi enfermé dans le livre. Ce qui n'est que justice puisque, après tout, cette encre était la tienne, n'est-ce pas ?
Alice pointe vers toi un doigt accusateur. Tu ne sais plus où te mettre... Enfin, maintenant que tu es là, tu n'as pas le choix : pour regagner ta liberté et sortir du livre de contes, tu vas devoir retrouver le Chapelier et, surtout, l'encre dont il se sert... s'il en reste. Sans elle, tu resteras coincé ici à jamais. Avant que tu ne partes à sa poursuite, Alice te prévient :

– Depuis qu'il a trouvé ce nouveau jouet, le Chapelier est devenu encore plus fou qu'avant. Ça ne m'étonnerait pas qu'il ait saccagé les histoires qu'il a visitées... Si tu en as la possibilité, ce serait bien que tu les remettes en ordre.

Pour cela, tu vas devoir parcourir les différentes pages des contes de fées : il te suffit de regarder le plan, sur le rabat gauche du livre ou en haut de chaque page du livret d'aventure, et de rejoindre un endroit accessible depuis celui où tu te trouves. Tu peux aussi suivre les flèches sur les bords de la page que tu lis : elles indiquent le numéro des zones auxquelles tu peux te rendre directement. Attention : si l'une d'elles est barrée d'une croix rouge, c'est que la zone à laquelle elle mène est inaccessible et qu'il faut trouver un moyen de la débloquer avant d'y entrer !

Si tu trouves des objets, tu peux essayer de les utiliser ensemble en te rendant **page 117**, où tout te sera expliqué. Si tu as peur de ne pas te souvenir dès éléments que tu as récupérés tout au long de ton aventure, ne t'inquiète pas : tu peux les retrouver dans ton inventaire, **page 145**. Enfin, sur certaines pages, une aide pourra t'être apportée si tu es bloqué. Regarde au-dessus de la clé dans la marge : si tu y vois le symbole du Chat du Cheshire, va à la **page 147** indiquée dessous, tout t'y sera expliqué.

Pour récapituler, tu dois retrouver le Chapelier fou et l'encre qui te permettra de t'échapper. Si, au passage, tu arrives à arranger les contes que le Chapelier a modifiés, leurs personnages t'en seront très reconnaissants ! Pour commencer l'aventure, rends-toi **page 1** !

ESCAPE

LIVRET D'AVENTURE

La table du Chapelier

Alice et le Lièvre de Mars t'observent, l'air de se demander pourquoi tu n'es pas encore parti à la poursuite du Chapelier. Tu es toujours assis dans un profond fauteuil, au bout de la grande table. À priori, ici, rien n'a changé, à part la disparition du Chapelier. La table est mise avec des tasses ainsi qu'une théière, un sucrier, des brioches et du beurre : tout ce qu'il faut pour prendre le thé et l'accommoder de délicieuses friandises. Contrairement à ce dont tu te souviens du conte, le Loir n'est pas endormi. Cependant, il bâille régulièrement. Il ne doit pas être habitué à rester éveillé, avec le rôle qu'il tient dans l'histoire. Il a l'air de chantonner quelque chose… En tendant l'oreille, tu perçois quelques paroles : « Scintille, scintille, scintille, scintille… » Quelle drôle de chanson ! Soudain, tu aperçois, posée un peu plus loin, une montre à gousset. Tu te souviens que le Chapelier en a une. Tu te lèves et t'en approches pour regarder si elle ne serait pas accompagnée d'un indice. L'aiguille affiche six heures, mais tu sais qu'ici, le temps est arrêté, alors tu n'y fais pas plus attention que cela. À peine l'as-tu en main que le Lièvre de Mars te tombe dessus.

– Rends-moi ça !

Il te l'arrache des doigts, l'air furieux. Toi, penaud, tu te contentes

de t'excuser. Puis, rassemblant ton courage, tu lui demandes où se trouve celle du Chapelier.

– Il l'a prise avec lui !

Pour toute conclusion, il te tourne le dos. Décidément, ces personnages ne sont pas très sympathiques… Il serait peut-être temps d'aller voir ailleurs ? Tu t'éloignes de la table pour visiter le reste du conte, mais tu te retrouves vite bloqué : le paysage s'arrête net le long d'une grande déchirure. Tu aperçois le reste de la page un peu plus loin mais, entre les deux morceaux, il n'y a qu'un grand vide, et tu n'es pas très rassuré à l'idée de tomber dedans… Mince, comment vas-tu pouvoir explorer les contes, maintenant ?

– Il faut rép… Ooooaaah… réparer la page, bâille une voix derrière toi.

C'est le Loir, qui t'a suivi.

– Le Chapelier a… Oooaaaah… Il a déchiré la page en partant. Il faut… Oooaaah… Il faut trouver comment la recoller au reste du livre.

Avec des gestes lents, il sort de sa redingote plusieurs objets. Tu te demandes comment ils pouvaient tous tenir dans de si petites poches…

– Il y a peut-être quelque chose qui… Ooooaaaah… qui pourrait te servir ?

Devant toi s'étalent une motte de beurre, un kit de couture et un service à thé. Lequel pourrait t'aider à rapprocher les deux morceaux de page ? C'est le moment d'aller **page 117** pour apprendre à utiliser les objets !

C'est bon, tu as réussi à réparer la page déchirée ? Félicitations ! Tu peux désormais te déplacer dans le livre de contes. Aide-toi du plan et des flèches sur le bord des pages pour te déplacer. Par exemple, d'ici, tu peux continuer à visiter le pays des merveilles, **page 2**. Tu peux aussi aller dans le prochain conte, *Blanche-Neige*, **page 4**. Alors, que veux-tu faire ?

IMPORTANT

Tu seras peut-être amené à traverser des endroits que tu as déjà visités. Dans ce cas-là, lis directement la seconde partie du texte, sous les , ou continue ton chemin en suivant les numéros en bord de page.

Tombé dans un trou

Te voilà arrivé dans une pièce parfaitement ronde ! En levant la tête, tu peux voir un grand vide au milieu du plafond : c'est par là qu'Alice arrive au pays des merveilles. Tout le long du mur se trouvent des portes identiques. Elles semblent fermées mais tu te souviens que derrière un rideau s'en trouve une minuscule par laquelle Alice ne peut pas passer.

Justement, cela te fait penser à la suite de son histoire et tu cherches des yeux la table à trois pieds en verre massif sur laquelle elle trouve de quoi l'aider. Gagné ! La table est bien là et tu y trouves un petit flacon marqué d'une étiquette « Bois-moi ». Puis, en cherchant sous la table, tu aperçois une minuscule boîte contenant un gâteau encore plus petit. Dessus est écrit « Mange-moi ».

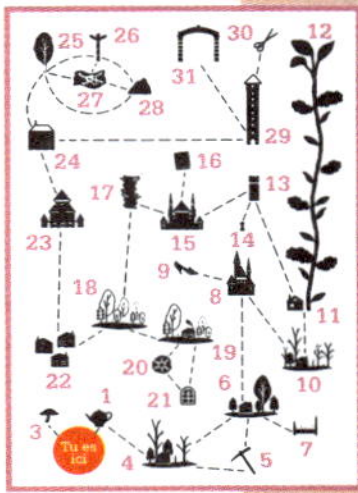

Tu connais le conte, tu sais que l'un de ces objets fait rétrécir Alice tandis que l'autre la fait grandir, mais tu ne te souviens plus lequel fait quoi. C'est dommage car, si tu ne rétrécis pas, tu ne pourras pas passer par la petite porte…

Si tu veux manger le gâteau, va **page 36**.
Si tu veux boire le flacon, va **page 37**.
Si tu préfères, tu peux continuer ton exploration des contes. N'oublie pas qu'une flèche barrée d'une croix rouge indique qu'une zone est pour le moment inaccessible : il faudra en débloquer l'accès d'une manière ou d'une autre pour pouvoir t'y rendre.

Au pied du champignon

Attention ! Cette zone est inaccessible si tu n'as pas encore trouvé le moyen de passer par la petite porte. Dans ce cas, retourne vite **page 2**.

Tu arrives devant un champignon légèrement plus grand que toi. Tu reconnais cette scène ! Contrairement à Alice, tu ne perds pas ton temps à regarder dessous : tu sais que l'important se trouve dessus. Tu grimpes donc directement sur le chapeau du champignon et, comme tu t'y attendais, tu y trouves une chenille assoupie. Rien qu'au souvenir de la discussion qu'elle a avec Alice dans son histoire, tu as mal à la tête. Pour y couper court, tu t'assois à côté d'elle et la regardes longuement, sans rien dire, jusqu'à ce qu'elle soulève une paupière et te demande d'une voix ensommeillée :

– Qui es-tu ?

Voilà une question à laquelle tu peux répondre ! Tu lui expliques que tu es la victime du Chapelier et que tu aimerais beaucoup le retrouver pour retourner dans ton monde. En t'entendant, la Chenille semble se réveiller. Elle est ravie de ton arrivée ici et compte sur toi pour ramener le Chapelier dans son conte.

– Je peux te dire par où il est parti, te propose-t-elle. Mais je ne peux pas te promettre que le chemin que je vais t'indiquer sera le plus court pour le retrouver.

Quel dilemme… Si tu le souhaites, tu peux essayer de rattraper le Chapelier en le suivant à la trace. Pour cela, continue à lire cette page, la Chenille va te mettre sur la voie. Tu peux aussi tenter de retrouver le Chapelier sans le pister en fouillant les autres contes. Dans ce cas, rends-toi à l'une des pages accessibles depuis celle-ci. Tu peux même retourner dans la pièce précédente, **page 2**, pour manger un bout de gâteau, si tu ne l'as pas déjà fait.

Tu acceptes sa proposition et l'insecte semble satisfait de ton choix, mais la Chenille reste la Chenille… Si elle veut bien t'indiquer le chemin qu'a pris le Chapelier, il faut d'abord que tu répondes à l'une de ses énigmes !

– Qui vient en premier : la chenille ou la chrysalide ?

Après ces mystérieuses paroles, la Chenille ferme les yeux, comme si elle était déjà prête à se rendormir. En attendant, tu n'es pas tellement plus avancé…

Si tu veux répondre « La chenille ! », va **page 38**. Si tu penses qu'il s'agit plutôt de la chrysalide, va **page 39**. À moins qu'il ne s'agisse d'un piège, et que tu préfères répondre « Le papillon ! » **page 40** ?

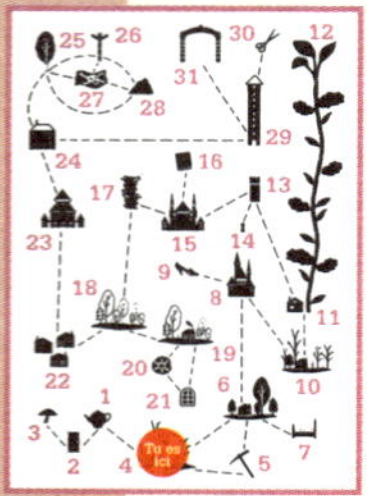

La chaumière des sept nains

Tu atterris devant la chaumière des sept nains de *Blanche-Neige*. Tu entends d'ailleurs la princesse faire des vocalises et, en entrant dans la maison, tu te rends compte que cela ne plaît pas à tout le monde… Les sept nains sont assis un peu partout dans la pièce, le visage renfrogné. L'un d'eux t'aperçoit et sursaute. Tu le rassures immédiatement en lui expliquant la situation et ce que tu fais là, mais tu es brusquement interrompu par un des nains qui crie :

– Mais tais-toi !

Les vocalises s'arrêtent un instant, avant de reprendre, plus puissantes encore. Tu n'as pas l'oreille très musicale mais tu dirais que la princesse ne chante pas tellement juste… L'ambiance de ce conte n'a pas l'air très agréable. Pourtant, les nains ne sont-ils pas censés adorer Blanche-Neige ? La réalité en coulisses est bien éloignée de ce que l'on raconte aux enfants… Quoi qu'il en soit, tu n'as pas vraiment envie de rester plus longtemps que nécessaire. Tu demandes au nain s'il a la moindre information utile à te donner, mais ce dernier hausse les épaules d'un air ronchon. Serait-ce Grincheux ? Non, c'est vrai que, dans la version d'origine, les nains n'ont pas de nom… Et puis, à ce moment précis, ils pourraient tous être Grincheux.

4 1

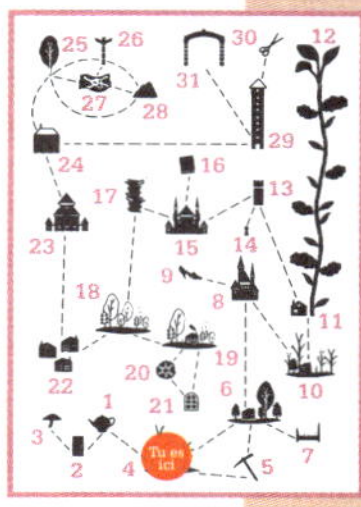

Déçu, tu repars. En sortant de la maison, tu aperçois une étrange brume au loin, dans la forêt. Si tu veux aller l'observer de plus près, va **page 111**. Tu peux aussi continuer ton exploration des contes.

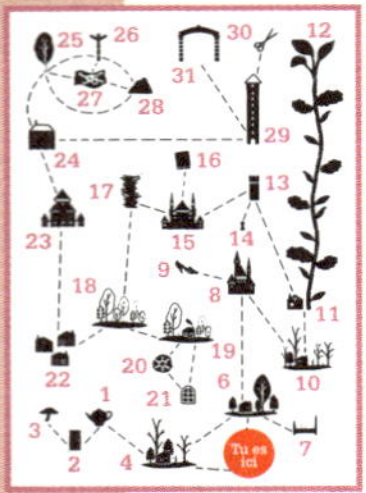

6

La mine

Tu continues ton exploration et tu arrives devant une mine. C'est celle dans laquelle les sept nains travaillent. Il y a sûrement des outils qui te seraient utiles à l'intérieur, voire le Chapelier qui s'y cache ? Malheureusement, l'obscurité qui y règne te refroidit très vite. Hors de question d'entrer là-dedans sans lumière : continue ton exploration des contes pour trouver de quoi t'éclairer !

Attention, ne lis pas la suite tant que tu n'as pas trouvé de quoi t'éclairer !

Armé de ta précieuse lanterne allumée, tu entres dans la mine. Tu n'es pas tellement rassuré car la lumière vacillante crée des ombres inquiétantes sur les murs. Mais tu n'as pas fait tout cela pour rien ! Tu respires un bon coup et tu observes les outils au sol. Il y a des pioches, bien entendu. Dans un coin, tu trouves un autre objet plutôt intéressant : un **grappin avec sa corde**. Tu le prends avec toi et continues à regarder un peu partout, mais tu ne trouves rien d'autre. Tu peux reprendre ton exploration.

4

8

Le logis des trois ours

Ah oui ! Tu connais bien ce conte, tu l'adorais quand tu étais plus jeune : *Boucle d'or et les Trois Ours*. Avant d'entrer dans la maison de ces derniers, tu t'arrêtes quelques instants : il y a comme une étrange brume au loin, dans la forêt. Tu la regardes un temps et finis par t'en détourner pour entrer. Tu arrives dans la salle à manger des ours, où la table est mise, n'attendant que les ours ou… Boucle d'or. Tu y retrouves les trois bols de gruau dont parle le conte : un petit, un moyen et un grand. Plus loin, il te semble reconnaître les trois célèbres fauteuils. Enfin, au fond de la pièce, tu vois une porte entrouverte : sûrement celle qui mène à la chambre des ours. Ils doivent y être, d'ailleurs, car tu entends des voix graves en pleine conversation.

7

5

8

Si tu veux t'asseoir dans le petit fauteuil, va **page 45**. Pour vérifier si le moyen fauteuil n'est pas plus confortable, va **page 46**. Pour essayer le grand fauteuil, c'est **page 47** que cela se passe.
Mais peut-être as-tu faim ? Pour goûter le petit bol de gruau, va **page 48,** le moyen bol, va **page 49**, le grand bol, va **page 50**.

Tu peux aussi ressortir de la maison et t'approcher de l'étrange brume aperçue plus tôt. Pour cela, va **page 111**.
Enfin, tu peux reprendre ton exploration des contes en t'aidant des flèches et du plan.

4

5

La chambre des ours

Dans leur chambre, les ours n'ont pas l'air très joyeux. Le grand affiche un air furieux. Le moyen, s'il a l'air contrarié, reste néanmoins plus calme. Enfin, la vision du petit te serre le cœur : il a l'air tellement triste… Quelqu'un d'autre que Boucle d'or est entré chez eux et cela ne leur plaît pas du tout. Quand tu leur demandes où se trouve la petite fille, le moyen ours grogne :

– Aucune idée, et c'est bien le cadet de mes soucis…

Avant de repartir, tu fais un tour rapide de la chambre pour vérifier que rien d'important ne s'y trouve. Près d'un oreiller, tu remarques une **plume** très grande et complètement noire : elle te fait drôlement penser à celles du dodo avec lequel Alice fait une course au « Caucus » pour se sécher. Tu la prends avec toi et tu reprends ton exploration des contes.

7

Le château de Cendrillon

En arrivant devant le grand et beau château qu'habite Cendrillon avant de rencontrer son prince charmant, tu aperçois une étrange brume au loin. Mais tu es vite ramené à la réalité par une Marraine la bonne fée catastrophée : tous les champs de citrouilles du conte ont été détruits, toutes les citrouilles réduites en purée.

C'est forcément un coup du Chapelier ! En attendant, le conte *Cendrillon* est bloqué : sans citrouille, pas de carrosse ! Alors que tu t'apprêtes à entrer dans le château, laissant la fée se débrouiller seule, elle te retient, le regard plein d'espoir.

– Vous qui pouvez visiter tous les contes, ne pourriez-vous pas me trouver une citrouille de rechange ? Ou n'importe quelle cucurbitacée… C'est primordial ! Sans cela, Cendrillon ne pourra jamais se rendre au bal.

Elle agite sa baguette dans ta direction, l'air suppliant. Un peu pour t'en débarrasser, et un peu aussi parce que les paroles d'Alice te reviennent en mémoire, tu promets de l'aider. Mais où trouver une cucurbitacée à donner à la bonne fée pour qu'elle la transforme en carrosse à l'aide de sa **baguette magique** ? Si tu ne trouves vraiment pas, tu peux obtenir un indice de la part du Chat du Cheshire. Pour cela, repère dans la marge, au-dessus de la clé, s'il y a un dessin de chat. Si oui, rends-toi à la page indiquée dessous, c'est-à-dire **page 147**. Attention ! N'utilise les indices que si tu es vraiment bloqué !

Si tu veux te diriger vers l'étrange brume, va **page 112**. Sinon, tu peux reprendre ton exploration des contes.

10

147

8

6

Au bal !

Attention ! Cette zone est inaccessible si tu n'as pas encore trouvé de moyen de locomotion à Cendrillon. Dans ce cas, retourne vite **page 8**.

Bravo ! Grâce à toi, Cendrillon a pu se rendre chez le prince dans son magnifique carrosse-butternut. C'est le premier bal de ta vie ! Tu as hâte de voir le conte se dérouler en vrai. Pourtant, quand tu arrives, les deux affreuses belles-sœurs t'apprennent que la future princesse est introuvable…

Étrangement, elles s'avèrent plutôt charmantes et te présentent à quelques personnages importants, comme le prince. Tu les remercies pour leur accueil et tu reprends ton exploration. Sur un rebord de fenêtre, tu trouves une **lanterne** à huile. Malheureusement, elle est vide. Il faudrait y remettre de l'huile pour l'utiliser... Tu la prends tout de même avec toi, au cas où. C'est bien, mais tu n'as toujours pas trouvé la princesse de la fête. Elle doit se trouver ailleurs dans le château.

Si tu veux partir à la recherche de Cendrillon, va **page 56**. Sinon, tu peux continuer ton exploration des contes.

11

La maison en pain d'épices

Tu arrives dans une clairière. Au loin, dans la forêt, tu aperçois une étrange brume… Tu t'en détournes pour observer les miettes au sol. Ce sont des morceaux de gâteaux, des brisures de bonbons et des traces de sucre glace… La maison de la sorcière d'*Hansel et Gretel* devait se trouver ici ! Tout à coup, tu entends un cri de rage, et une femme effrayante, aux cheveux noir de jais dressés sur sa tête, apparaît devant toi.

– Il a TOUT mangé ! hurle-t-elle. Il n'y a plus RIEN !

Tu comprends immédiatement le problème : sans maison en pain d'épices, les deux enfants n'ont aucune raison d'approcher la sorcière et le conte ne peut pas se dérouler comme prévu... Elle pousse un cri qui te glace le sang et pointe vers toi son ongle crochu.

– Tous mes ustensiles de cuisine étaient à l'intérieur, ils ont disparu en même temps que la maison ! Ils étaient magiques, pour que je puisse les agrandir suffisamment et cuisiner des plats immenses. Je n'en retrouverai jamais d'autres comme eux. Il me faudrait des ustensiles géants pour les remplacer, maintenant !

C'est bien joli, mais où en trouver ? Si tu sais déjà comment résoudre le problème de la sorcière, tu n'as pas une minute à perdre, fais-le ! Si tu n'as pas d'idée, tu peux marcher vers l'étrange brume, **page 111**, ou reprendre ton exploration des contes.

Le jardin de Jack

Te voilà devant la maisonnette de Jack. Des outils sont disposés contre ses murs extérieurs et un **trou** est creusé dans le jardin. Si tes souvenirs sont bons, c'est là que Jack plante son haricot magique, qui se met à pousser jusqu'au ciel. Malheureusement, tu as beau chercher, tu ne vois pas de haricot dans ce conte. Sans lui, Jack ne peut pas continuer son histoire… Sûrement un coup du Chapelier ! As-tu une idée ou un objet qui pourrait résoudre ce problème ? Si oui, c'est le moment de te servir du tableau d'interaction ! Sinon, tu peux reprendre ton exploration pour trouver des idées.

13

10

En haut du haricot

Attention ! Cette zone est inaccessible si tu n'as pas encore trouvé comment faire pousser le haricot. Dans ce cas, retourne vite **page 11**.

Tu arrives en haut du haricot et, au loin, tu reconnais le château du géant. Tu sais qu'il renferme l'ogre monstrueux mais aussi ses trésors… Et peut-être d'autres choses utiles ? Juste devant se trouve un immense potager dans lequel poussent d'énormes **courges**. Tu essaies d'en soulever une, puis une autre, et encore une autre, mais elles sont toutes beaucoup trop lourdes pour toi… Tu en repères finalement une plus petite que ses congénères. Celle-ci, tu peux la soulever, voire la transporter et, d'ailleurs, tu l'emportes.

11

Puis tu entres dans le château et tu rencontres le géant. Il affiche une mine réjouie quand il t'aperçoit. Il s'ennuie ferme à attendre Jack, qui n'arrive pas. Personne ne l'a prévenu des derniers caprices du Chapelier.

Il te fait visiter son château. Tout ici est immense : la chambre, le salon, la cuisine… D'ailleurs, cette dernière renferme peut-être des objets qui pourraient t'être utiles ? Pour le vérifier, prends le numéro de la page du conte où cette cuisine pourrait, selon toi, aider à remettre en état et ajoutes-y 100. Rends-toi à la page correspondante. Si tu te trompes, ne lis surtout pas le texte et reviens ici ! Quand tu auras trouvé la bonne page à aider, tu pourras réessayer d'ajouter 100 à son numéro. En attendant, reprends ton exploration des contes.

11

Le manoir de *La Barbe bleue*

Devant l'entrée de l'impressionnant manoir, tu te souviens de ce conte qui fait froid dans le dos. Par chance, le propriétaire des lieux est absent. Comment réagirais-tu face à son visage, rendu si laid par sa barbe bleue ?

Bien entendu, le lieu le plus emblématique de cette histoire est le petit cabinet où la femme de Barbe bleue entre malgré l'interdiction de celui-ci et trouve… Non, il ne vaut mieux pas y penser pour l'instant. Mû par une curiosité un peu morbide, tu te diriges tout de même vers le cabinet en question, au bout de la grande galerie de l'appartement inférieur. Une fois devant la porte, tu souffles un grand coup avant d'en abaisser la poignée. Tu es presque soulagé de voir qu'elle ne s'ouvre pas. Soudain, tu te rappelles avoir vu dans l'entrée un grand trousseau de clés : sûrement celui du propriétaire des lieux. Après les avoir toutes essayées dans la **serrure**, tu dois te rendre à l'évidence : la bonne clé n'est pas ici.

En sortant du château pour observer les jardins, tu aperçois une étrange brume au pied de la tour depuis laquelle la femme de Barbe bleue attend ses frères. Si tu veux t'en approcher, va **page 113**. Sinon, tu peux reprendre ton exploration des contes.

11

13

Le cabinet interdit

Attention ! Cette zone est inaccessible si tu n'as pas encore trouvé comment ouvrir la porte du cabinet interdit. Dans ce cas, retourne vite **page 13**.

Te voilà dans l'antre du redoutable tueur en série… Et d'ailleurs, il est là ! Debout, devant toi ! Tu sens ton cœur s'arrêter de battre une seconde. Barbe bleue vient à ta rencontre et te serre la main, les yeux brillants d'une lueur inquiétante… Tu bredouilles un « Enchanté, monsieur », très mal à l'aise, mais tu te détends un tout petit peu quand tu vois son épouse passer la tête à côté de lui et te faire un petit signe et un bon sourire.

À ton grand étonnement, il n'y a aucune trace de sang dans le cabinet. Au contraire, la pièce sent bon le savon, comme si quelqu'un la nettoyait régulièrement. Le terrible Barbe bleue serait-il plus maniaque qu'on ne l'imagine ? Très vite, sa femme elle-même te le confirme :

– Mon mari ne prépare cette sordide mise en scène qu'au moment fatidique du conte. Il nettoie ensuite tout de fond en comble.

C'est plutôt étrange d'imaginer le cruel meurtrier en fée du logis.

– Le Chapelier nous a piégés et enfermés ici, reprend-elle.

Ton regard est alors attiré par un bocal posé sur une étagère. Bizarrement, il s'éclaire, s'éteint, puis s'éclaire à nouveau. En t'approchant, tu vois que la fée Clochette est enfermée dedans ! Elle tape des poings contre le verre, furieuse d'être traitée de la sorte. Malheureusement, tu as beau y mettre toutes tes forces, tu n'arrives pas à ouvrir le couvercle…

– Pour ouvrir les pots récalcitrants, je les retourne et je donne une grande claque dans le fond, te conseille la femme de Barbe bleue (qui, tu le réalises maintenant, n'a pas de nom). Cette méthode fonctionne à coup sûr !

Barbe bleue, lui, te tend un couteau avec un sourire carnassier.

– Pour le planter dans le couvercle et faire entrer l'air, t'assure-t-il.

Les bons conseils de ta grand-mère te reviennent tout à coup en mémoire : pour ouvrir les bocaux récalcitrants, elle prend un chiffon pour avoir une meilleure prise sur le couvercle.

Quelle méthode préfères-tu ?

Celle de Barbe bleue, **page 71**, celle de sa femme, **page 72**, ou celle de ta grand-mère, **page 73** ?

16

La salle à manger de la Bête

En arrivant devant le château de la Bête, tu aperçois une étrange brume au loin. La laissant de côté pour le moment, tu entres et arrives dans la salle à manger. Tu comprends que la Belle l'ait trouvée si magnifique et s'y soit sentie si bien. Une grande table dressée pour deux trône au centre de la pièce. Tu salives en pensant aux plats servis dans le conte… Mais ton attention est vite attirée par une petite boîte en bois sombre posée sur un guéridon, dans un coin de la pièce. En t'approchant, tu vois qu'elle est fermée par un mécanisme semblable à un cadenas à code. Tu passes ton doigt sur les petites roues et, à la place des habituels chiffres, tu y vois des dessins : une rose, une bague et une tasse. Pour ouvrir ce coffre, il faut forcément trouver le bon code, qui se compose de trois dessins. Mais comment ? Si tu n'as pas d'idée, peut-être ferais-tu mieux de reprendre ton exploration des contes à la recherche d'un indice.

17

Tu sais quel code est le bon ? Choisis-le parmi ceux ci-dessous !

→ **page 78**

→ **page 79**

→ **page 80**

→ **page 81**

→ **page 82**

→ **page 83**

Si tu préfères, tu peux aussi te diriger vers l'étrange brume aperçue plus tôt, **page 112**.

13

L'appartement de la Belle

Sur la porte devant toi, tu lis : « Appartement de la Belle ». Au moins, comme ça, tu es fixé. Tu entres et tu reconnais la pièce décrite dans le conte. Tu retrouves le clavecin, les livres de musique et, surtout, la grande bibliothèque. C'est celle-ci qui t'intrigue le plus. Tu t'en approches et regardes le dos des livres. Le premier que tu vois porte l'inscription « Souhaitez, commandez : vous êtes ici la reine et la maîtresse ». Oui, tu t'en souviens : la Belle le trouve dès son arrivée et comprend alors que la Bête ne lui veut pas de mal.

D'autres livres attirent ton attention. Si tu veux regarder celui qui est très grand, avec une citrouille orange sur la couverture, va **page 74**. Si tu t'intéresses davantage à l'épais volume orné d'une pomme bien rouge, va **page 75**. Si c'est plutôt l'ouvrage fin décoré d'un soleil qui t'inspire, va **page 76**. Sinon, tu peux regarder le petit livre à couverture rouge **page 77**.

15

Au pied des vingt matelas et des vingt édredons

Tu atterris dans une pièce au centre de laquelle trône une immense pile de matelas et d'édredons. Pas de doute : tu es bien chez la Princesse au petit pois ! D'ailleurs, elle est là, et elle a l'air furieuse… Les domestiques qui l'entourent semblent même rester à distance pour se protéger de ses hurlements. Quelqu'un a volé son célèbre petit pois et l'a remplacé par un autre légume… qu'elle saisit soudain, le pinçant entre deux doigts tandis qu'elle fonce vers toi comme une furie. La femme à côté fait un bond pour s'éloigner lorsque la princesse brandit l'aliment sous ton nez en criant :

15

– Qui prendra au sérieux une « princesse au haricot » ?!

Pris au dépourvu, tu bégaies une réponse qui n'a pas du tout l'air de la satisfaire. Heureusement, quelqu'un de l'autre côté de la salle fait tomber quelque chose avec grand fracas, ce qui détourne l'attention de la princesse en colère. Elle se précipite vers lui pour le houspiller et en lâche le **haricot**, que tu rattrapes par réflexe. Tu décides de le garder et le ranges dans ta poche. Dans le pire des cas, si tu as une petite faim, tu pourras toujours trouver d'autres légumes et t'en faire une fricassée ! Quoi qu'il en soit, tu peux le retrouver dans ton inventaire, **page 145**, avec

18

tous les autres objets trouvés durant ton aventure.

Peut-être sais-tu déjà comment résoudre le problème de la princesse ? Si c'est le cas, tu sais ce qu'il te reste à faire. Sinon, ce n'est pas grave, tu trouveras sûrement plus tard.

En t'éloignant, tu remarques une étrange brume, non loin de la pile de matelas. Si tu souhaites t'en approcher, va **page 113**. Sinon, tu peux reprendre ton exploration des contes.

18

17

La forêt du Petit Chaperon rouge

Tu te retrouves au milieu d'une forêt lumineuse et accueillante. Pourtant, au loin, entre les arbres, tu aperçois une étrange brume… En regardant derrière toi, tu vois une maisonnette qu'il te semble reconnaître : ne serait-ce pas celle du Petit Chaperon rouge ? Un sentier en part et s'enfonce dans les bois. Tu sais que, en le suivant, tu finiras par arriver à la maison de sa Mère-Grand, mais un autre chemin est possible, en coupant par la forêt. Enfin, avant d'y arriver, beaucoup d'événements peuvent se produire… C'est vrai que c'est rassurant de marcher sur le sentier, mais si tu t'en éloignais un peu, tu pourrais aller cueillir les jolies fleurs sauvages que tu vois là-bas. Cela ferait un beau cadeau pour Mère-Grand, non ? Si tu veux, tu peux décider de t'enfoncer dans la forêt pour composer un beau bouquet, **page 93**. Tu peux aussi suivre le sentier en direction de la maison de Mère-Grand, **page 94**, continuer ton exploration des contes en te déplaçant à l'aide du plan et des flèches en bord de page, ou encore te diriger vers cette étrange brume au loin, dans les sous-bois, **page 111**.

2 ← ---- ---→ 19

Devant la demeure de Mère-Grand

Tu arrives devant la demeure de la grand-mère du Petit Chaperon rouge. Un grand loup noir rôde, renifle la porte et essaie de tirer la bobinette, sans succès… Tu le reconnais ! C'est lui, c'est le Grand Méchant Loup ! Soudain, il s'immobilise, la truffe en l'air et… en moins d'une seconde, le voilà face à toi. Tu te sens minuscule à côté de son immense stature… Ses petits yeux perçants t'effraient autant que ses longues canines.

– J'ai une faim de loup, te dit-il en se léchant les babines.

Tu bredouilles que tu n'es pas un personnage du conte mais cela n'a pas l'air de le déranger.

18

– La porte est fermée, la grand-mère et la p'tite fille, je sais pas où elles sont, grogne-t-il en te reniflant. T'as l'air délicieux…

Ton sang se glace. Tu n'aurais jamais imaginé finir de cette façon : dévoré par un personnage de conte de fées. Vite, il faut trouver un moyen de lui échapper ! Tentant le tout pour le tout, tu dis au loup qu'il ne peut pas te croquer tout cru parce que, toi, tu sais où se trouve le Petit Chaperon rouge. Ton argument a l'air de faire mouche… Le loup te pose alors un cruel dilemme :

– Ramène-moi la p'tite, sinon… tu prends sa place.

Tu détales dans la forêt, **page 18**, avant de te faire dévorer !

Si tu n'as pas réussi à faire partir le Grand Méchant Loup, ne lis pas la suite !

Comme le disait le loup, la porte de la maison est verrouillée. En tendant l'oreille, il te semble entendre des ricanements à l'intérieur. Des ricanements qui te font un peu froid dans le dos… Mais c'est peut-être ta tête qui te joue des tours à force d'être coincé dans ce livre. Il ne faudrait pas que tu deviennes aussi fou que le Chapelier… En attendant, tu ne penses pas pouvoir rentrer par ici. Par contre, maintenant que la voie est libre, tu peux faire le tour de la maison pour voir s'il n'y a pas une porte à l'arrière, **page 21** !

19

La demeure de Mère-Grand

Attention ! Cette zone est inaccessible si tu n'as pas encore trouvé comment entrer dans la demeure de Mère-Grand. Dans ce cas, retourne vite **page 19**.

Tu entres dans la demeure par la lucarne et atterris en douceur, sans faire de bruit. Le Chapelier est de toute façon trop occupé à… être prostré sur le lit, le regard hagard. De l'autre côté de la pièce, une vieille femme le fixe avec des yeux immenses et effrayés. Quand elle t'aperçoit, elle sursaute en poussant un petit cri, mais tu la rassures d'un geste. Tu t'approches du Chapelier fou, qui tient dans ses mains une **montre à gousset** en répétant sans arrêt :

– Le temps est détraqué, le temps est détraqué…

À côté de lui, tu aperçois le flacon d'**encre**, la cause de tout ce chambardement. Tu peux prendre l'encre et rentrer chez toi si tu as deviné comment t'en servir. Mais les paroles d'Alice te reviennent en tête : tu peux aussi t'approcher du Chapelier et essayer de le ramener dans son conte. Dans ce cas, il faudra trouver un moyen de le rassurer… Tu n'es pas sûr de toi mais

il te semble que son problème vient de sa **montre**, dont l'aiguille est bloquée. Quand tu le lui demandes, il acquiesce avec force et te dit :

– On doit être à l'heure du thé ! Pas à l'heure du souper !

Si tu l'aidais à la remettre à la bonne heure, peut-être te suivrait-il sans encombre ?

Alors, as-tu trouvé comment aider le Chapelier ? Ou encore comment utiliser l'**encre** pour rentrer chez toi ? Si ce n'est pas le cas, tu peux retourner explorer les contes pour chercher des objets ou des indices.

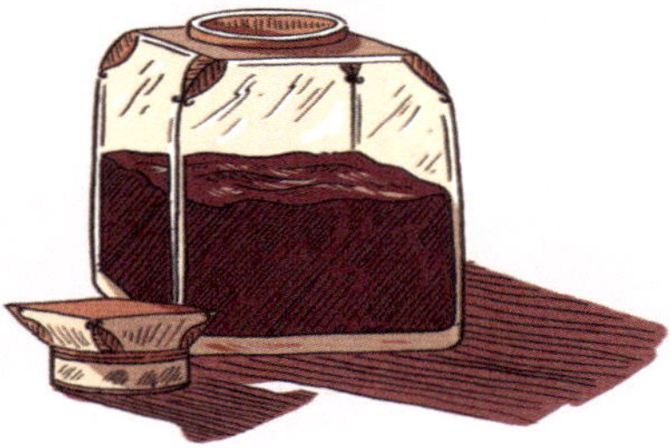

21

20

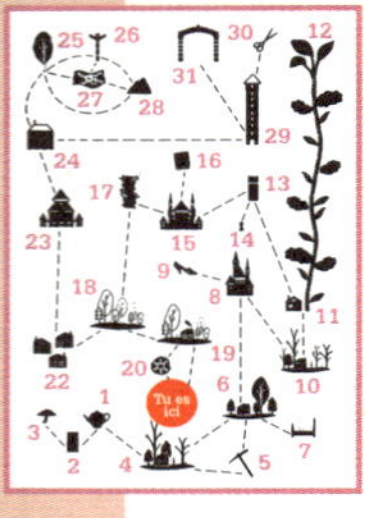

20 19

Derrière la demeure de Mère-Grand

Attention ! Cette zone ne peut être visitée que si tu as trouvé le moyen de contourner ou de faire partir le loup ! Si ce n'est pas le cas, retourne vite **page 19**.

Te voilà derrière la maison de Mère-Grand. Il n'y a pas de porte. En revanche, tu aperçois une petite **lucarne** en hauteur. Elle est ouverte et laisse s'échapper de la demeure un étrange murmure.

Malheureusement, tu es bien trop petit pour l'atteindre et tu ne vois pas d'échelle pour y grimper. Tu pourrais essayer d'escalader le mur, mais il est trop lisse, et tu risques de tomber et de te blesser. Non, il faut trouver un autre moyen d'accéder à cette lucarne ! Si tu n'as pas d'idée, reprends ton exploration des contes.

23

Les maisons des Trois Petits Cochons

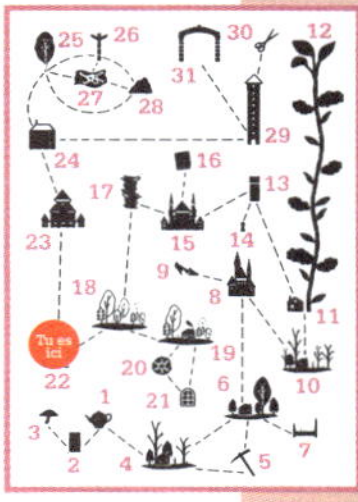

En avançant dans le conte *Les Trois Petits Cochons*, tu croises l'un d'eux qui court à toute vitesse. Quand il te voit lui faire signe, il s'arrête à contrecœur.

– Je n'ai pas du tout le temps de vous aider ! Je suis pressé !

Comme tu insistes, il soupire et te donne l'autorisation de prendre tout ce dont tu aurais besoin dans sa maison. Quelle générosité ! Mais lorsque tu lui demandes comment la reconnaître, ses indications sont assez confuses :

18

– Parmi les trois, c'est celle qui a un point commun avec l'une et deux avec l'autre.

23

Il repart aussitôt. C'est tout de même étrange, te dis-tu en avançant vers les trois maisons que tu vois un peu plus loin. N'aurait-ce pas été plus simple de te dire en quel matériau elle était faite ?

Si tu penses que la maison que le cochon t'a autorisé à visiter est la jaune, va **page 98**. Si tu penches plutôt pour la marron, va **page 99**. Si tu préfères aller dans la rouge, va **page 100**. Tu peux aussi reprendre ton exploration des contes.

18

24

Le palais de *Peau d'âne*

Quand tu arrives au palais du prince de *Peau d'âne*, tu aperçois une étrange brume au loin. Mais tu n'as pas le temps de t'y intéresser car tu es accueilli par une demi-douzaine de domestiques qui te proposent leur aide. Tu acceptes qu'ils te fassent visiter les lieux au cas où tu y trouverais quelque chose d'utile. Ils te montrent tout, même la chambre de Peau d'âne. Sur le lit, tu as la chance de découvrir les trois robes qu'elle a commandées à son père afin d'essayer d'échapper à leur mariage. Ces dernières étaient censées être irréalisables mais, pour avoir juste sous ton nez une robe couleur du temps, une autre couleur de la lune et une dernière couleur du soleil, tu peux affirmer que le roi a réussi malgré tout.

22

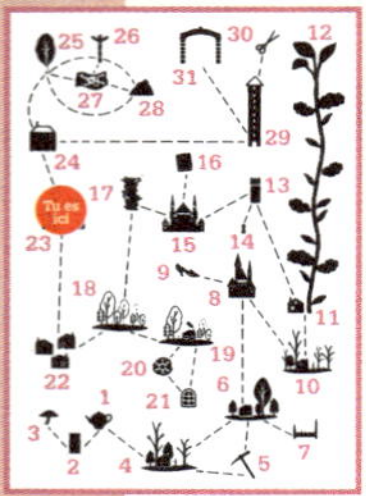

24

Les domestiques t'emmènent ensuite dans la cuisine. Tu penses y découvrir le gâteau d'amour que prépare Peau d'âne pour le prince, mais non. À la place, Peau d'âne et le prince s'apprêtent à déguster une belle galette aux pommes. C'est d'ailleurs étrange, elle semble séparée en deux : une moitié rouge et une moitié blanche. Les domestiques ne savent pas ce qu'elle fait ici mais ils ont très envie d'y goûter eux aussi, et tu dois dire que tu les comprends : elle a l'air succulente. Si tu veux demander une part, va **page 103**. Si tu préfères d'abord t'approcher pour observer la galette, va **page 104**. Tu peux aussi sauter sur Peau d'âne, pour l'empêcher d'avaler sa première bouchée, **page 105**.

Enfin, si tu préfères, tu peux sortir du palais et t'avancer vers cette étrange brume aperçue à ton arrivée, **page 112**, ou encore reprendre ton exploration des contes.

22

25

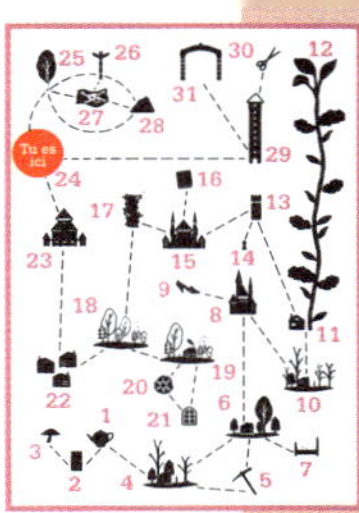

Le pavillon des Darling

Dans leur beau pavillon anglais, les parents de Wendy, John et Michael Darling, les trois enfants que Peter Pan emmène au Pays imaginaire, sont très inquiets.

– Les enfants sont partis depuis plusieurs jours au Pays imaginaire et ils ne sont toujours pas revenus… Ils ne sont pas censés y rester si longtemps ! Le conte est fini depuis trois jours ! Un malheur doit leur être arrivé…

Tu essaies de réfléchir aux raisons qui les pousseraient à rester là-bas et tu en trouves beaucoup, à commencer par tous les jeux et toutes les aventures qu'ils peuvent y vivre. Mais tu te rappelles aussi que, dans l'histoire, les enfants se font capturer… Ils finissent par regretter leur maison et leurs parents. Mr et Mrs Darling doivent avoir raison : il leur est sûrement arrivé quelque chose ! Reprends vite ton exploration des contes.

29

23

Les Enfants-Perdus

Attention ! Cette zone ne peut être visitée que si tu as trouvé le moyen d'y accéder ! Si ce n'est pas le cas, retourne vite **page 24**.

Tu n'en reviens pas d'être arrivé au Pays imaginaire, ce lieu réservé aux enfants ! D'ailleurs, tu es accueilli par les Garçons-Perdus. Juste derrière arrive Peter Pan, qui a l'air très soulagé de retrouver la fée Clochette. Le Chapelier l'avait enlevée, empêchant par la même occasion Wendy et ses frères de rentrer chez eux, faute de poudre de fée.

Les Enfants-Perdus et John te font visiter avec plaisir leur maison souterraine. Pour y accéder, tu es obligé de passer par un tunnel creusé dans un tronc d'arbre, au bas duquel tu te laisses glisser. Dans le repaire, il n'y a qu'une seule pièce et il y règne une très bonne ambiance. Puis Wendy accepte de te montrer la cabane de feuilles que les garçons lui ont construite.

Tout cela est très sympathique, mais ça ne t'aidera pas à retrouver le Chapelier. Reprends ton exploration des contes.

26
27
24
28

Les Peaux-Rouges

La partie la plus importante du Pays imaginaire est son île. Elle est assez petite et, en la traversant, tu tombes rapidement sur le camp des Peaux-Rouges. Tu le reconnais tout de suite car un grand totem y domine une dizaine de tipis. Surtout, les Peaux-Rouges eux-mêmes viennent vers toi, un peu méfiants. Heureusement, Clochette ne te lâche pas d'un pouce et ils se détendent en la reconnaissant. Non, tu n'es pas un nouveau pirate sorti d'on ne sait où, mais un lecteur qui a été fait prisonnier malgré lui dans ce livre. Tu restes un peu avec eux, essayant de prendre la température. Cependant, tu comprends vite qu'il n'y aura rien à en tirer : ils ne savent pas où est le Chapelier et ne comprennent pas de quelle encre tu leur parles. Tu peux continuer ton exploration des contes.

5 28 27

26

Le Jolly Roger

À peine as-tu posé le pied sur le pont de son navire que le terrible Capitaine Crochet se plante devant toi et lève son horrible crochet devant ton visage.

– Je peux savoir ce qu'un moussaillon comme toi espère trouver sur mon *Jolly Roger* ? te demande-t-il d'une voix suave.

Clochette, elle, reste légèrement cachée derrière ton épaule, visiblement peu pressée de se retrouver face au pirate. La voix un peu tremblante, tu commences à lui expliquer la situation, quand tu aperçois une longue mâchoire verte sortir de l'eau et jaillir vers la main qu'il reste au Capitaine. Ton cri lui permet de s'écarter juste à temps et les dents du crocodile ne croquent que du vide. Le pirate l'a échappé belle !

25

27

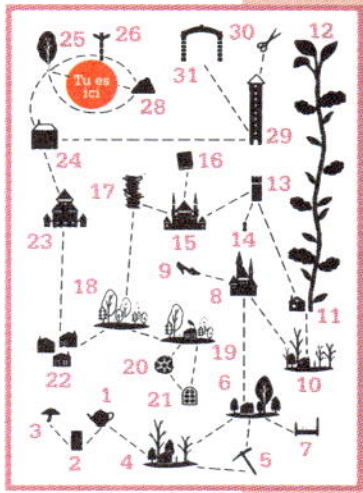

Un peu pâle, tu l'entends marmonner :

– Depuis que le Chapelier est venu sur le bateau, le « tic-tac » que faisait le crocodile s'est arrêté. Je n'ai plus aucun moyen de savoir quand il va surgir.

Il reprend contenance et, de sa main valide, te tape dans le dos avec un grand rire.

– Je t'en dois une, moussaillon ! Je t'autorise à visiter mon *Jolly Roger* et à y prendre tout ce que tu veux, du moment que ça peut t'aider à remettre les choses à leur place… et me permettre d'enfin transformer ce maudit crocodile en sac à main !

Il se dégage pour te laisser passer avec un sourire entendu. Dans une des cabines, tu trouves un **canif** dont la lame peut se plier dans son manche en bois pour la ranger. Tu le prends et Clochette accepte de le rapporter ici à ta place plus tard. Toi, tu préfères éviter de remettre les pieds sur le *Jolly Roger*… Tu quittes prestement le navire et reprends ton exploration des contes.

28

La lagune aux Sirènes

Clochette lance un peu de **poudre de fée** au-dessus de ton crâne et vous vous envolez tous les deux vers la lagune où se trouvent les Sirènes. Elle est survolée par des flamants roses, ce qui lui donne un côté encore plus féerique. Vous atterrissez sur un rocher. Clochette a l'air de très bien s'entendre avec les Sirènes. Celles-ci font des plongeons dans l'eau avant de revenir à la surface en riant et en te lançant des regards curieux. Tu comprends assez vite qu'elles font exprès de t'éclabousser en frappant l'eau de leur queue de poisson et cela finit par t'agacer.

– Avez-vous vu quelque chose d'inhabituel ? leur demandes-tu en évitant au mieux les gerbes d'eau.

– Rien du tout, soupire l'une d'elles.

– Rien, sauf un petit enfant un peu trop curieux, complète une autre avec un regard accusateur.

Bon, elles n'ont absolument rien à t'apprendre et, en plus, tu n'aimes pas leurs manières. Tu préfères quitter tout de suite la lagune aux Sirènes et reprendre ton exploration.

26 ←
27 ←
25 ←

En bas de la tour de Raiponce

La **tour** du conte *Raiponce* est immense et tout en pierre. Tu appelles la princesse pour qu'elle t'aide à y monter mais seuls des sanglots te répondent. Tu insistes jusqu'à ce qu'une tête finisse par sortir de la tour : une très jeune fille blonde te regarde, les yeux rouges et… les cheveux courts coupés n'importe comment. Même la fois où ta grande sœur avait joué les apprenties coiffeuses, le résultat était moins catastrophique. Raiponce réussit à calmer ses pleurs.

– Le Chapelier est arrivé avec une grande paire de ciseaux. Il répétait : « Tu as besoin de te faire couper les cheveux ! », « Tu as besoin de te faire couper les cheveux ! »… et TCHAK ! Il a emporté ma longue chevelure ! t'explique-t-elle, des trémolos dans la voix.

C'est terrible pour elle, et pour toi aussi : comment vas-tu escalader la **tour** ?

Alors que tu cherches des idées, tu aperçois une étrange brume de l'autre côté de la bâtisse. Si tu souhaites avancer vers elle, va **page 113**.

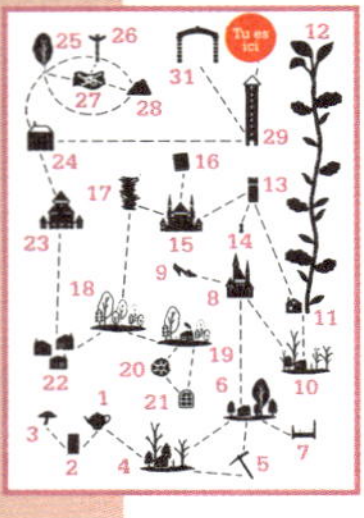

Dans la tour de Raiponce

Attention ! Cette zone est inaccessible si tu n'as pas encore trouvé comment grimper dans la tour de Raiponce. Dans ce cas, retourne vite **page 29**.

Tu te hisses jusqu'à la fenêtre de la tour et, arrivé là-haut, tu t'étales sur le sol, épuisé. Raiponce se remet à pleurer bruyamment, encore et encore.

– Tout est fichu ! pleurniche-t-elle. Mon conte, mon avenir avec le prince, ma chevelure… Et ce n'est même pas le pire… Le Chapelier, ce goujat, m'a laissé un de ses affreux chapeaux en prétendant qu'il irait parfaitement avec ma nouvelle coiffure !

D'un côté, il n'a pas tort. De l'autre, le chapeau est tellement tordu que tu doutes qu'il s'agisse d'un compliment.

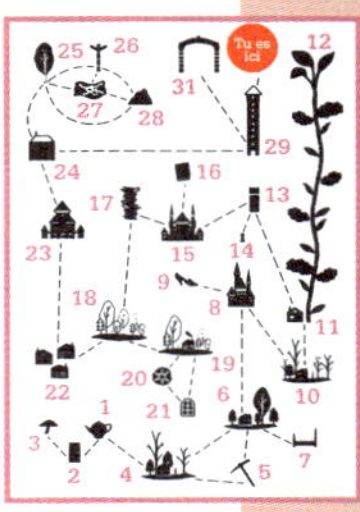

Pour la rassurer (et pour qu'elle arrête un peu de pleurer), tu lui proposes de lui laisser ton grappin. Elle n'aura qu'à en lancer la corde au prince à la place de ses cheveux !

En entendant cette idée, elle commence à se calmer, mais un coup d'œil dans son miroir la fait pleurer de plus belle.

Par terre, tu vois la paire de ciseaux utilisée par le Chapelier. À côté, tu trouves une petite **clé** avec une tache écarlate, que tu décides d'emporter.

Si tu veux proposer à Raiponce de lui arranger sa coupe de cheveux, va **page 106**. Sinon, tu peux reprendre ton exploration des contes.

29

Sommaire

L'endroit où tu arrives ne ressemble en rien au reste des pages visitées. C'est une vaste prairie, ponctuée çà et là d'arbres et de collines qui prospèrent sous un soleil radieux. Tu t'arrêtes devant un grand panneau qui surplombe le paysage et sur lequel est écrit : « Bienvenue au sommaire ». Quand tu regardes un peu plus loin, tu aperçois des sortes de petits symboles qui flottent au-dessus de l'herbe… Tu vois aussi, posé près de toi, un filet à papillons. En le prenant, tu lis une inscription sur son manche : « Filet pour attraper les contes ». Il s'agit sûrement des symboles ! Mais à quoi cela pourrait-il bien servir ?

Pour le découvrir, pourquoi ne pas t'approcher des symboles et essayer de les attraper ? Cet endroit est tellement grand qu'il va falloir choisir où te diriger. Tu peux descendre vers ta droite **page 32**, ou rester au même niveau **page 33**. Si tu préfères grimper en haut d'une petite butte sur ta gauche, va **page 34**. Enfin, pour escalader la grande côte derrière toi (qui sera dure à monter mais, qui sait, l'effort en vaudra peut-être la peine ?), va **page 35**.

29

Tu es ici

Bienvenue au sommaire

En bas de la colline

Tu arrives en bas de la colline, ton filet est prêt à attraper les symboles. Quelques-uns volent suffisamment près de toi pour que tu puisses essayer de les attraper. Tu te mets en position… et tu t'élances vers l'un d'eux. Bravo, tu l'as eu ! Mais le symbole ne se laisse pas faire et, tout à coup, il s'envole, tirant à travers les mailles du filet. Il a tellement de force qu'il parvient à te soulever et à t'emmener loin, très loin ! Enfin, il se rapproche suffisamment du sol pour que tu puisses t'y laisser tomber sans risquer de te blesser. Rends-toi à la page correspondant au symbole que tu as attrapé !

29

→ page 1

→ page 5

→ page 7

→ page 10

→ page 18

Au même niveau

Tu avances droit devant toi, ton filet prêt à attraper les symboles. Quelques-uns volent suffisamment près pour que tu puisses essayer de les attraper. Tu te mets en position… et tu t'élances vers l'un d'eux. Bravo, tu l'as eu ! Mais le symbole ne se laisse pas faire et, tout à coup, il s'envole, tirant à travers les mailles du filet. Il a tellement de force qu'il parvient à te soulever et à t'emmener loin, très loin ! Enfin, il se rapproche suffisamment du sol pour que tu puisses t'y laisser tomber sans risquer de te blesser. Rends-toi à la page correspondant au symbole que tu as attrapé !

29

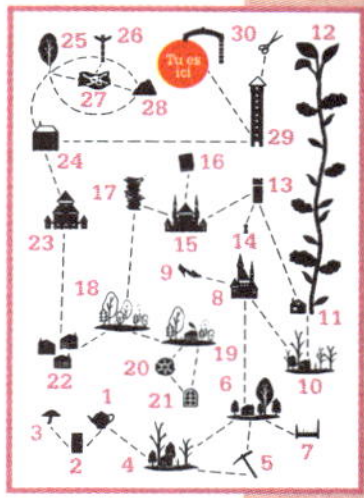

→ page 11

→ page 22

Sur la petite butte

Tu escalades la petite butte, ton filet prêt à attraper les symboles. Quelques-uns volent suffisamment près de toi pour que tu puisses essayer de les emprisonner dans ton filet. Tu te mets en position… et tu t'élances vers l'un d'eux. Bravo, tu l'as attrapé ! Mais le symbole ne se laisse pas faire et, tout à coup, il s'envole, tirant à travers le filet. Il a tellement de force qu'il parvient à te soulever et à t'emmener loin, très loin ! Enfin, il se rapproche suffisamment du sol pour que tu puisses t'y laisser tomber sans risquer de te blesser. Rends-toi à la page correspondant au symbole que tu as attrapé !

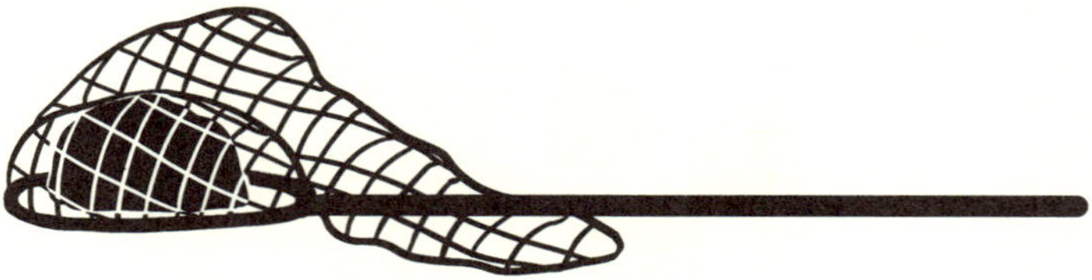

29

→ page 8

→ page 13

→ page 16

→ page 17

→ page 23

→ page 29

En haut de la grande côte

Tu arrives en haut de la grande montée, ton filet prêt à attraper les symboles. Quelques-uns volent suffisamment près de toi pour que tu puisses essayer de les attraper. Tu te mets en position… et tu t'élances vers l'un d'eux. Bravo, tu l'as eu ! Mais le symbole ne se laisse pas faire et, tout à coup, il s'envole, tirant à travers les mailles du filet. Il a tellement de force qu'il parvient à te soulever et à t'emmener loin, très loin ! Enfin, il se rapproche suffisamment du sol pour que tu puisses t'y laisser tomber sans risquer de te blesser. Rends-toi à la page correspondant au symbole que tu as attrapé !

29

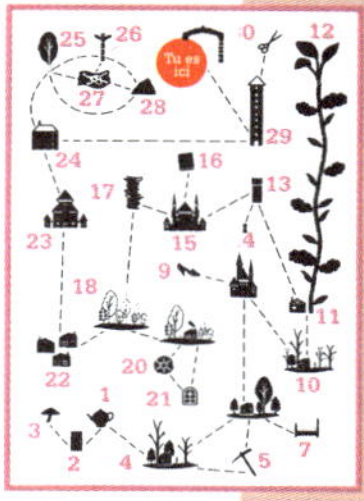

→ page 24

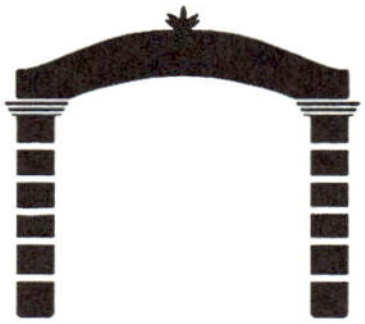

→ page 31

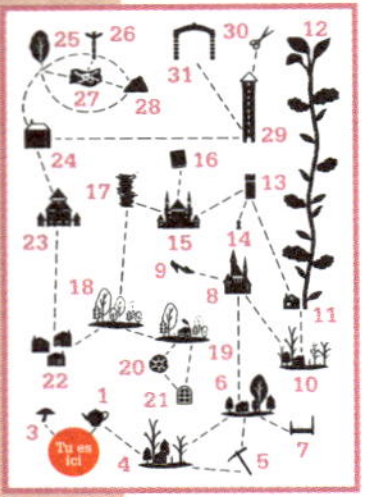

Le gâteau

À peine la bouchée avalée, te voilà en train de grandir, grandir, grandir… Jusqu'à ce que ta tête touche le plafond ! Tu vois en haut du mur d'étranges inscriptions. Tu peines à les déchiffrer à cause de l'obscurité. Tu finis tout de même par réussir à lire la phrase.

Tu ne comprends pas trop ce que cela veut dire. Retourne **page 2** pour continuer ton aventure.

La potion

Tu bois une gorgée du flacon et… te voilà aussi minuscule qu'une fourmi ! Tu croises d'ailleurs la route d'un horrible scarabée qui te regarde d'un mauvais air. Tu restes immobile, en espérant qu'il finira par s'éloigner, mais c'est tout le contraire qu'il se passe : il te fonce dessus ! Tu cours pour lui échapper et tu t'enfuis par la porte dissimulée derrière le rideau. Ouf ! Tu es sauvé. Mais où te trouves-tu, désormais ? Va vite **page 3** pour le découvrir !

1

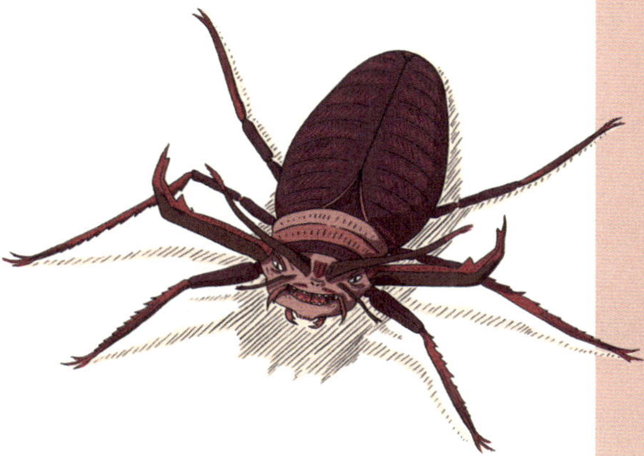

« La chenille ! »

La Chenille ouvre les yeux, te regarde quelques instants, puis te dit :

– C'est exact. Dans la phrase, la chenille arrive avant la chrysalide, tout comme dans l'alphabet. Tu es futé, tu mérites un indice. Voilà par où est parti le Chapelier : il a de gourmand bien plus que les yeux, il est parti chercher de quoi accompagner l'heure du thé !

Ces indications ne te semblent pas plus claires que l'énigme… Et là, tu as une illumination ! Quoi de mieux pour accompagner le thé qu'une belle maison en pain d'épices ? Rends-toi vite **page 65** !

« La chrysalide ! »

La Chenille garde les yeux fermés et soupire.

– Pas le moins du monde. Dans la phrase, la chenille arrive avant la chrysalide, tout comme dans l'alphabet. Il fallait donc répondre « La chenille ».

Quel dommage… La réponse était plus simple que tu ne le pensais. Retourne **page 3** pour reprendre ton exploration des contes. Il n'y a plus que comme ça que tu pourras retrouver le Chapelier, maintenant !

2

« Le papillon ! »

La Chenille ouvre lentement les yeux. Elle te fixe, le regard éteint, puis te dit d'un ton méprisant :

– Ce n'est pas du tout ça. Dans la phrase, la chenille arrive avant la chrysalide, tout comme dans l'alphabet. Il fallait donc répondre « La chenille ».

Dommage… La réponse était plus simple que tu ne le pensais. Retourne **page 3** pour reprendre ton exploration des contes. Il n'y a plus que comme ça que tu pourras retrouver le Chapelier, maintenant !

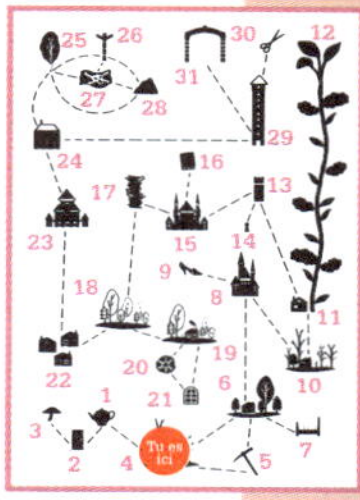

Le miroir magique

En suivant la piste laissée par les cheveux de Raiponce, tu te retrouves dans le conte *Blanche-Neige*. Plus précisément, te voilà à l'intérieur du château de la méchante reine, juste devant… son miroir magique ! Voilà qui devrait considérablement t'aider. Mais ce dernier a très mauvais caractère.

– Je ne réponds qu'à ma reine, t'apprend-il, dédaignant tes questions.

Tu lui expliques la situation pour tenter de l'amadouer, ce qui fonctionne… juste un peu.

– Je veux bien te montrer la réponse à l'une de tes questions, mais une seule. Alors réfléchis bien, tu n'auras pas d'autre chance !

Si tu veux demander où est le Chapelier en ce moment, va **page 42**.

Si tu veux demander quel conte le Chapelier a visité après celui-ci, va **page 43**.

Si tu veux demander comment rentrer chez toi, va **page 44**.

Tu peux aussi abandonner ici la poursuite du Chapelier et te rendre **page 4** pour reprendre ton exploration des contes.

6

5

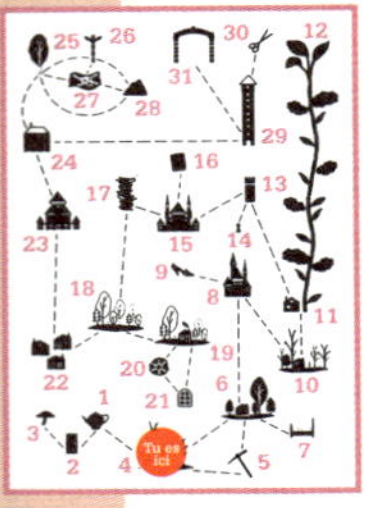

Où est le Chapelier ?

Le miroir magique laisse disparaître son visage pour te montrer une petite demeure perdue dans la forêt. Il y a deux moyens d'y accéder : par-devant, en suivant un sentier, mais tu vois ce qui ressemble à un grand loup noir juste devant la porte d'entrée, ou par-derrière, en passant par les bois. Tu mémorises vite le chemin pour ne pas te perdre !

Le miroir te montre ensuite l'intérieur de la demeure. Comme tu t'y attendais, le Chapelier est là, mais prostré sur un lit, le regard hagard. Tu ne t'occupes pas de lui, préférant chercher des indices pour identifier l'endroit où il se trouve. Il y a des broderies sur les murs, des napperons sur la table de chevet… On dirait la chambre d'une vieille dame. Comme celle de la grand-mère du Petit Chaperon rouge ! Enfin, tu le tiens ! Tu remercies le miroir, qui te répond à peine, puis tu fonces dans le conte *Le Petit Chaperon rouge*. Tu fais le tour en coupant à travers bois et te voilà derrière la maison de Mère-Grand. Va **page 21** !

1

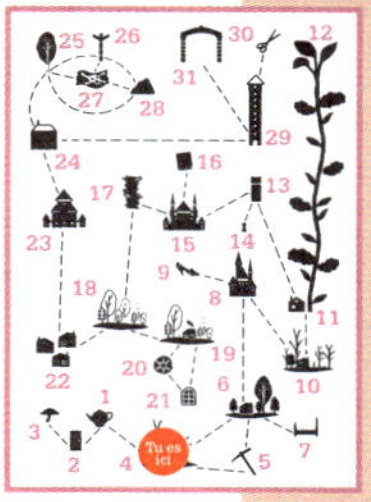

Quel conte le Chapelier a-t-il visité après celui-ci ?

Le miroir magique laisse disparaître son visage pour te montrer le Chapelier s'échappant de ce conte et se rendant dans celui de *Peau d'âne*. Tu le vois préparer une drôle de galette faite avec des pommes venant du château de la méchante reine de *Blanche-Neige*. Oh oh, ça ne te dit rien qui vaille… Il termine sa pâtisserie et la dépose sur la table. Enfin, il repart en hurlant comme un dément :

– Une galette ! Une galette ! Et un petit pot d'encre au beurre !

Tu devrais normalement savoir où a fini le Chapelier… n'est-ce pas ?

Pour aller dans *Les Trois Petits Cochons*, va **page 97**.
Pour aller dans *La Belle et la Bête*, va **page 84**.
Pour aller dans *Le Petit Chaperon rouge*, va **page 96**.
Tu peux aussi abandonner ici la poursuite du Chapelier et te rendre **page 4** pour reprendre ton exploration des contes.

1
6
5

Comment rentrer chez toi ?

Le miroir laisse disparaître son visage pour te montrer un pot d'encre et une plume. Mais pas une plume pour écrire, non ! C'est une plume d'oiseau. D'ailleurs, elle te fait penser à celles sur le dodo du conte *Alice au pays des merveilles*, avec lequel Alice fait une course au « Caucus » pour se sécher. Le « toi » du miroir trempe la pointe de la plume dans le pot d'encre et écrit quelque chose en l'air. C'est bien, mais cela ne t'aide pas à trouver le Chapelier… Et le miroir magique refuse de t'en dire plus. Tant pis ! Tu es obligé d'abandonner ici la poursuite du Chapelier, mais tu peux continuer ton exploration des contes. En les visitant tous de fond en comble, tu finiras bien par trouver l'encre ! Va **page 4**.

1
6
5

8

Le petit fauteuil

Tu t'assois dans le petit fauteuil, ravi de te reposer un peu. Soudain, CRAC ! Il se casse. Mais oui ! Dans le conte, Boucle d'or fait exactement la même bêtise. Tu te sens tout à coup très mal… Que diront les ours s'ils voient ce que tu as fait ? Tu t'écartes vite du fauteuil et reprends ton exploration, en espérant qu'ils réussiront à le réparer… une fois encore. Retourne **page 6**.

4

7

5

8

Le moyen fauteuil

Tu t'assois dans le moyen fauteuil, ravi de te reposer un peu. Il est légèrement trop grand pour toi mais cela ne le rend que plus confortable. Tu t'enfonces dans le moelleux du siège et tu fermes les yeux quelques instants. C'est agréable… Cependant, tu as un Chapelier et de l'encre à retrouver. À regret, tu te lèves et reprends ton exploration. Retourne **page 6**.

4

7

5

8

Le grand fauteuil

Tu essaies de t'asseoir dans le grand fauteuil mais tu peines déjà à y grimper. L'assise est beaucoup plus haute que tu ne l'imaginais ! En même temps, il est fait pour un ours. Au prix de grands efforts, tu parviens à t'y hisser. Tu te sens soudain minuscule, enfoncé dans le moelleux du siège… Au bout de quelques instants, tu en redescends. Tu as un Chapelier et de l'encre à retrouver ! Retourne **page 6**.

4

7

5

8

Le petit bol

Tu t'approches du petit bol, le saisis et regardes à l'intérieur. Le gruau est toujours là, signe que Boucle d'or n'est pas encore passée. Tu en inspectes le contenu, te demandant ce que l'on peut trouver d'appétissant à cette bouillie. Mais la tentation est trop forte : auras-tu jamais une autre occasion de goûter un plat de contes de fées ? Tu prends la petite cuillère du petit ours et manges une bouchée de son gruau. Ce n'est pas si mal… Tout à coup, tu sens une petite chose dure cogner contre tes dents. Tu l'attrapes pour l'examiner de plus près : c'est un petit pois ! À ton avis, dans quel conte pourrait-il servir ? Choisis la page où il pourrait selon toi être utile et ajoute 90 à son numéro. Va à la page correspondant au nombre obtenu. Attention ! Si tu vois que le petit pois ne peut pas y être utile, c'est que tu t'es trompé. Dans ce cas, reviens ici sans lire le texte de la page et, si tu ne trouves toujours pas, reprends ton exploration **page 6**. Si tu trouves le bon conte plus tard, tu pourras toujours essayer d'ajouter 90 au numéro de sa page !

4

7

5

8

Le moyen bol

Tu t'approches du moyen bol, le saisis et regardes à l'intérieur. Le gruau ne te paraît pas être un plat très appétissant… Tu hésites à en goûter une cuillère tout de même : après tout, tu n'auras pas tous les jours l'occasion de déguster un plat de conte de fées ! Le goût n'est d'ailleurs pas si mal. Enfin, tu n'en mangerais pas une pleine marmite non plus. Bon, la pause déjeuner est finie. Tu reposes ta cuillère et reprends ton exploration de la pièce, **page 6**.

4

7

5

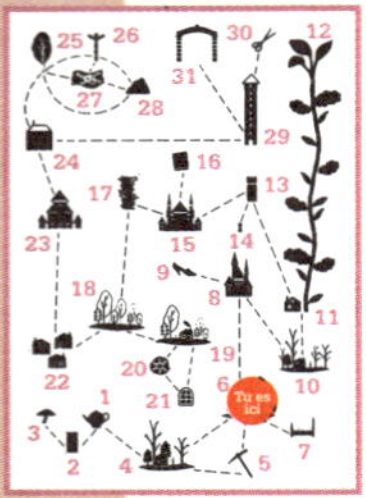

8

Le grand bol

Tu t'approches du grand bol. Enfin, grand… Énorme, plutôt ! Géant ! Gargantuesque ! On dirait presque une marmite et, non, tu n'exagères pas du tout. Même la cuillère posée à côté te semble trop grande pour ta main. Tu préfères laisser ce bol tranquille et reprendre ton exploration de la pièce, **page 6**.

4 7

5

Les lits défaits

Bien sûr ! Il s'agit de *Boucle d'or et les Trois Ours*. En arrivant dans leur chambre, tu trouves un grand ours, un moyen ours et un petit ours catastrophés. Le Chapelier a forcément quelque chose à voir avec cela. Ils t'apprennent que, en rentrant, ils ont trouvé leurs lits complètement défaits et, cette fois-ci, ce n'était pas de la faute de Boucle d'or ! D'ailleurs, tu trouves près de la porte un bonnet de nuit qui a la forme d'un chapeau. Il ne t'en faut pas plus pour comprendre que le Chapelier a fait une sieste ici ! Peut-être a-t-il laissé des indices dans les draps du lit qu'il a choisi ? Tu demandes aux ours si tu peux jeter un œil, ce qu'ils acceptent volontiers.

Dans quel lit le Chapelier a-t-il pu dormir ? Tu sais que, pour Boucle d'or comme pour toi, c'est le petit qui convient le mieux. Mais le Chapelier est bien plus grand : c'est un adulte ! Pour inspecter le moyen lit, va **page 53**. Si c'est le grand lit qui t'intéresse, va **page 54**. Enfin, si tu penses tout de même qu'il pourrait avoir choisi le petit lit, va **page 52**.

Tu peux aussi abandonner ici la poursuite du Chapelier et te rendre **page 7** pour reprendre ton exploration des contes.

Le petit lit

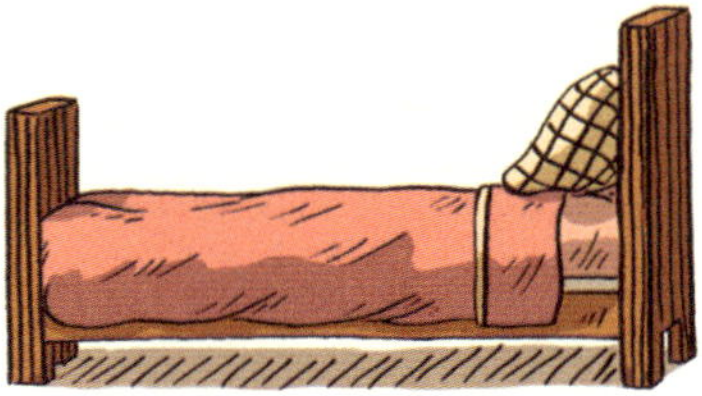

Tu veux fouiller entre les draps du petit lit mais ton bras se trouve très vite bloqué : impossible de l'enfoncer jusqu'au bout du matelas ! On dirait que le lit a été fait de manière à ce que l'on ne puisse pas s'y glisser entièrement. C'est une blague potache qui ressemble beaucoup au style du Chapelier… Mais cela veut aussi dire qu'il n'a pas dormi ici. Tu reprends tes recherches, **page 51**.

6

Le moyen lit

Tu soulèves les draps, les secoues pour vérifier que rien n'y est resté coincé. Soudain, miracle ! Une feuille de papier en tombe. En revanche, pas de trace du petit pois de la princesse du même nom.

Sur la feuille, il y a un dessin de citrouille, aux côtés d'une robe magnifique et d'un soulier délicat… Pas de doute, après sa sieste, le Chapelier est parti visiter *Cendrillon* ! Continue ta poursuite **page 55**.

Le grand lit

Tu grimpes dans le lit avec difficulté. Il est vraiment très grand ! Tu farfouilles entre les draps, t'empêtrant dans tout ce tissu. Cela te prend plusieurs minutes pour finalement ne rien trouver du tout… Retourne **page 51**.

6

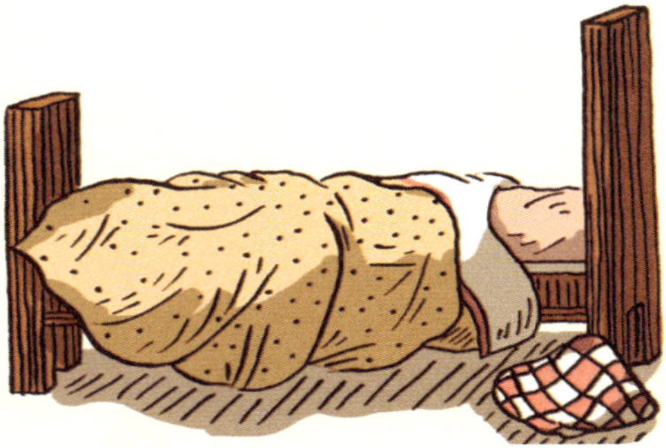

Les affreuses belles-sœurs

À peine arrivé dans le conte *Cendrillon*, tu tombes sur ses deux affreuses belles-sœurs. Elles t'ont aperçu de loin, dans le parc du château, et t'ont fait de grands signes pour que tu attendes qu'elles trottinent jusqu'à toi. Une fois à ta hauteur, elles te sourient chaleureusement. Tu te dis qu'elles semblent plus gentilles en vrai que dans le conte.

– Vous êtes bien la personne qui doit arranger les bêtises du Chapelier ? te demandent-elles. Nous l'avons vu passer en hurlant. Il se dirigeait plus loin dans le livre en criant « De la poudre de Clochette ! De la poudre de Clochette ! ». C'était effrayant !

Poudre ? Clochette ? Cela te rappelle quelque chose… Mais oui ! C'est sûrement *Peter Pan* ! Va **page 101**.

Tu peux aussi abandonner ici la poursuite du Chapelier et te rendre **page 8** pour reprendre ton exploration des contes.

10

Les souliers de Cendrillon

Tu finis par la trouver dans un couloir sombre, désespérée : après la citrouille, ce sont ses souliers de verre qui ont disparu. Et sans souliers, pas de mariage, pas de fin heureuse… Bref, pas de conte ! Heureusement, aidée de sa bonne fée, elle a réussi à mettre la main sur plusieurs autres paires.

– Mais je n'y connais rien du tout, moi, en chaussures modernes ! Pourriez-vous m'aider à choisir ?

Il faut que la paire de chaussures convienne à la fois à ses pieds délicats de princesse et au déroulé de son histoire.

Pour choisir les chaussures en cuir, va **page 57**.

Pour choisir les bottes de pluie, va **page 58**.

Pour choisir les pantoufles vernies, va **page 59**.

Pour choisir les ballerines en caramel, va **page 60**.

Pour choisir les baskets, va **page 61**.

Pour choisir les escarpins rouges, va **page 62**.

Tu es ici
1
2
3
4
5
6
7
8
10
11
12
13
14
15
16
17
18
19
20
21
22
23
24
25
26
27
28
29
30
31

8

Les chaussures en cuir

Tu tends la première paire à Cendrillon, qui te sourit, reconnaissante. Elle enfile les chaussures, se met debout et fait quelques pas. Finalement, elle grimace. Le cuir n'est pas encore fait et lui meurtrit les pieds. Dommage, cette paire ne conviendra pas pour aller danser pendant des heures… Retourne **page 56** pour faire un nouveau choix ou **page 9** pour reprendre ton exploration des contes.

Les bottes de pluie

Tu tends la deuxième paire à Cendrillon, qui te sourit, reconnaissante. Elle enfile les chaussures, se met debout et fait quelques pas. Sa démarche est un peu gauche… Elle finit par les enlever, dépitée. Des bottes de pluie, ce n'est certainement pas le plus pratique pour aller danser. Dommage… Retourne **page 56** pour faire un nouveau choix ou **page 9** pour reprendre ton exploration des contes.

8

Les pantoufles vernies

Tu tends la troisième paire à Cendrillon qui te sourit, reconnaissante. Elle enfile les chaussons, se met debout et fait quelques pas. Certes, ce sont normalement des chaussures d'intérieur, mais aux grands maux les grands remèdes ! Et puis, ces pantoufles ne sont pas si horribles que ça. Tu te souviens des tiennes, en forme de lapin. Elles sont drôles mais elles n'auraient pas été adaptées du tout à un bal de princesse. Quoi qu'il en soit, Cendrillon est satisfaite : son histoire va pouvoir reprendre et se terminer sans plus d'encombre. Félicitations ! Tu as sauvé le conte *Cendrillon* !

Retourne **page 9** pour reprendre ton exploration des contes.

Les ballerines en caramel

Tu tends la quatrième paire à Cendrillon, qui te sourit, reconnaissante. Elle enfile les chaussures, se met debout et fait quelques pas. Super ! Elles sont très confortables. Sauf que, au bout de quelques secondes, Cendrillon grimace. Le caramel est en train de lui fondre sur les pieds ! Elle les retire prestement avant d'être complètement tachée. Ce n'est pas encore gagné… Retourne **page 56** pour faire un nouveau choix ou **page 9** pour reprendre ton exploration des contes.

8

Les baskets

Tu tends la cinquième paire à Cendrillon, qui te sourit, reconnaissante. Elle enfile les chaussures, se met debout et fait quelques pas. Super ! Elles sont très confortables. Mais la princesse soulève un léger problème : elles ne vont pas être faciles à perdre pendant sa fuite du bal ! Et si elle ne perd pas une de ses chaussures, le conte se terminera bien tristement. Dommage… Retourne **page 56** pour faire un nouveau choix ou **page 9** pour reprendre ton exploration des contes.

Les escarpins rouges

Tu tends la sixième paire à Cendrillon qui te sourit, reconnaissante. Elle enfile les chaussures, se met debout et fait quelques pas. Au bout de deux, à peine, elle vacille et manque de s'étaler sur le sol. Elle les retire vivement, contrariée. Les talons de ces escarpins sont un peu trop hauts... Dommage, cette paire ne conviendra pas pour aller danser pendant des heures. Retourne **page 56** pour faire un nouveau choix ou **page 9** pour reprendre ton exploration des contes.

8

Peter Pan

Bien sûr, *Peter Pan* ! Sauf que, une fois arrivé là-bas, tu interroges tout le monde et personne ne semble avoir vu le Chapelier fou. On dirait bien que tu as suivi la mauvaise piste… et que tu as définitivement perdu sa trace. Dommage ! Retourne **page 24** pour reprendre ton exploration des contes.

23

Cendrillon

Bien sûr, *Cendrillon* ! Sauf que, une fois arrivé là-bas, tu interroges tout le monde et personne ne semble avoir vu le Chapelier fou. On dirait bien que tu as suivi la mauvaise piste… et que tu as définitivement perdu sa trace. Dommage ! Retourne **page 8** pour reprendre ton exploration des contes.

10

6

11

Hansel et Gretel

Plein d'entrain après avoir résolu l'énigme de la Chenille, tu te rends dans le conte *Hansel et Gretel*. Tu arrives au début, quand le frère et la sœur sont abandonnés pour la première fois par leurs parents. Tu te demandes pourquoi les contes racontent si souvent l'histoire d'adultes laissant leurs enfants seuls dans la forêt…

Tu aperçois Hansel et Gretel et tu leur expliques la situation. Tu as besoin d'aide pour retrouver la trace d'un chapelier qui a perdu la tête. Ils t'écoutent, attentifs, puis te disent qu'ils l'ont entendu crier « Il est fou ! Il est fou, le Chapelier toqué ! » avant de le voir disparaître derrière une page, vers la droite. Dans quel conte penses-tu qu'il est allé ?

Si tu penses qu'il s'agit de *Jack et le Haricot magique*, va **page 66**.

Si tu penses qu'il s'agit de *Cendrillon*, va **page 64**.

Si tu penses qu'il s'agit de *Peter Pan*, va **page 63**.

Tu peux aussi abandonner ici la poursuite du Chapelier et te rendre **page 10** pour reprendre ton exploration des contes.

8

147

25 26 30 12
27 28 31
24 29
17 16 13
23 15 14
18 9 8
11
19
Tu es ici
22 20 10
21 6
1
3 7
2 4 5

Jack et le Haricot magique

Tu te diriges vers la page de droite et… te voilà arrivé dans le jardin de Jack ! Cependant, tu ne le vois pas. À vrai dire, tu ne vois personne… En revanche, tu as l'impression que le Chapelier a laissé quelques indices de son passage. Une tasse de thé est posée sur la table à l'extérieur de la maison, des traces de pas pleines de boue partent du jardin, et ce qui ressemble à un morceau de chapeau déchiré a été oublié par terre. Si tu veux observer la tasse, va **page 67**. Tu peux aussi suivre la piste des traces de boue **page 68**, ou t'intéresser au bout de chapeau **page 69**.

Si tu préfères, tu peux aussi abandonner ici la poursuite du Chapelier et te rendre **page 11** pour reprendre ton exploration des contes.

13

10

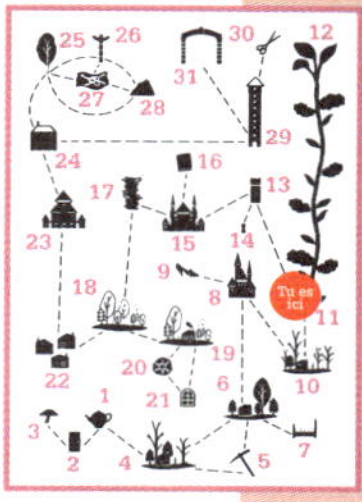

Observer la tasse

Tu observes la tasse, attentif au moindre indice. Elle est blanche, plutôt grande et pas très propre. Quand tu regardes à l'intérieur, tu ne vois rien d'autre qu'un fond de thé. On dirait bien qu'elle ne t'apprendra rien sur le chemin emprunté par le Chapelier… Retourne **page 64** pour faire un nouveau choix, à moins que tu ne préfères reprendre ton exploration des contes, **page 11** ?

10

Suivre les traces de boue

Tu t'approches des traces de boue, espérant qu'elles ont été faites par le Chapelier. Tu les suis et… gagné ! Ton instinct ne t'a pas abandonné puisque tu vois les traces de pas quitter le conte *Jack et le Haricot magique* pour se diriger vers *La Princesse au petit pois*. Va vite **page 85** !

13

10

Examiner le morceau de chapeau

Tu ramasses le morceau de chapeau et l'examines, attentif au moindre indice. On dirait qu'il provient du bord d'un couvre-chef. Ce dernier était en feutre, à priori. Mais cela ne t'apprend rien sur le chemin emprunté par le Chapelier… Retourne **page 64** pour faire un nouveau choix, à moins que tu ne préfères reprendre ton exploration des contes, **page 11** ?

La poudre de fée

Tu fonces jusqu'au château du conte *La Barbe bleue*. Il est vide, tu as donc tout le loisir de l'inspecter. Malheureusement, tu ne vois rien, rien du tout. Tu passes de pièce en pièce, de plus en plus désespéré, jusqu'au moment où tu réalises que des particules dorées flottent dans les airs… Elles virevoltent, comme si elles voulaient te dire quelque chose, mais quoi ?

Si tu ne trouves pas, tu peux abandonner la poursuite du Chapelier et reprendre ton exploration des contes, **page 13**.

15

14

13

La méthode de Barbe bleue

La grande lame acérée du couteau ne te rassure pas tellement mais il faut ce qu'il faut ! Tu t'armes et t'apprêtes à planter le couteau dans le couvercle quand le pot vacille. C'est la fée Clochette qui fonce contre les parois du bocal pour attirer ton attention. Visiblement, la lame ne la rassure pas non plus. D'un mouvement de tête, elle t'interdit formellement de mettre ton plan à exécution. Tu dois bien avouer que c'est un petit peu dangereux pour elle : tu risquerais de l'embrocher… Tu peux essayer une autre méthode : si tu préfères celle de la femme de Barbe bleue, va **page 72**, si tu choisis celle de ta grand-mère, va **page 73**. Tu peux aussi retourner **page 14** pour reprendre ton exploration des contes.

13

La méthode de la femme de Barbe bleue

Tu prends le bocal et le retournes pour taper son fond. Mais à peine as-tu amorcé le mouvement que les bruits de grelots de Clochette se font entendre. Arrête tout de suite, tu es en train de la secouer dans tous les sens ! Non, ce n'est certainement pas la bonne méthode. Et si tu en essayais une autre ? Pour choisir celle de Barbe bleue, va **page 71**. Si tu préfères celle de ta grand-mère, va **page 73**. Tu peux aussi retourner **page 14** pour reprendre ton exploration des contes.

13

La méthode de ta grand-mère

Tu demandes un chiffon aux résidents du château, qui te l'apportent tout de suite. Ils ont l'air un peu déçus que tu n'aies pas choisi une de leurs techniques mais tant pis ! Celle de ta grand-mère fonctionne, c'est le principal. Grâce au chiffon, tu as une bien meilleure prise sur le couvercle du bocal, qui s'ouvre dans un PLOC sonore. La fée Clochette en sort, tout heureuse d'être libérée. Elle virevolte en laissant des traînées de **poudre de fée** derrière elle. D'ailleurs, pour te remercier, elle t'en donne une poignée. Tu vas pouvoir t'envoler ! Elle t'explique même comment aller au Pays imaginaire : la deuxième étoile à droite et tout droit jusqu'au matin. Si tu veux t'y rendre tout de suite avec Clochette, va **page 25**. Sinon, maintenant que tu as de la poudre de fée, tu pourras aussi y aller plus tard en t'aidant du plan.

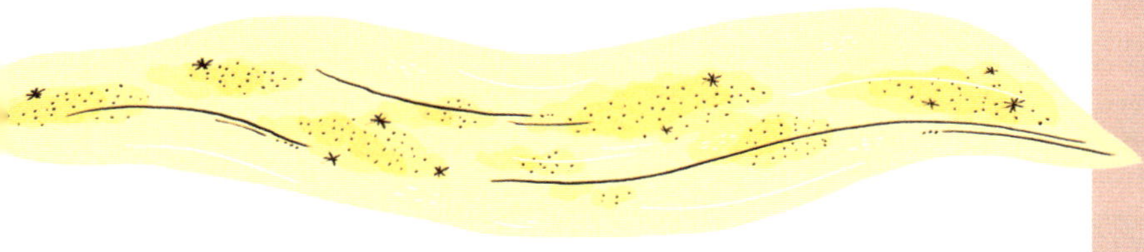

Tout savoir sur les cucurbitacées

Tu prends le très grand livre avec une citrouille orange en couverture. Il est titré *Tout savoir sur les cucurbitacées*. En le feuilletant, tu comprends qu'il explique comment s'occuper de toutes les cucurbitacées de son potager : melons, citrouilles, potimarrons, concombres… C'est sûrement intéressant mais… tu préfères tout de même le reposer. Retourne **page 16**.

Les Meilleures Recettes empoisonnées

Étant donné le poids du livre, tu es obligé de le poser pour le feuilleter. Tu y apprends des informations très intéressantes : *Les Meilleures Recettes empoisonnées* te donne des conseils pour réussir à piéger tes ennemis en les poussant à manger tes plats empoisonnés. Par exemple, pour convaincre quelqu'un de goûter une pomme empoisonnée, il vaut mieux en garder une moitié saine et la croquer devant lui. Comme ça, il sera convaincu de ne rien risquer ! Le seul problème, te dit le livre, c'est que la partie saine du fruit sera blanche, tandis que la partie empoisonnée sera bien rouge. Plutôt pratique pour reconnaître les pommes à éviter… Retourne maintenant **page 16**.

La Cinq fois belle

Ce livre s'appelle *La Cinq fois belle* et il est plutôt court. Il raconte l'histoire d'une jeune fille tellement belle que ses sœurs, jalouses, la chassent de leur maison. Elle est heureusement recueillie par les douze mois de l'année, mais ses sœurs l'apprennent par le Soleil et décident d'aller l'assassiner par divers subterfuges. Cela te fait drôlement penser à *Blanche-Neige*… Ce doit être une de ses nombreuses variantes. Tu la trouves amusante mais il est temps de reprendre ton exploration. Retourne **page 16**.

La Cuisine enchantée des contes de fées

Le livre rouge est titré *La Cuisine enchantée des contes de fées*. En le feuilletant, tu découvres les recettes de tes contes favoris comme *Peau d'âne*, *Le Petit Chaperon rouge* et même *La Belle et la Bête* ! Tout à coup, un papier s'échappe de ses pages. Il y est inscrit :

> « Mon premier peut être un signe d'engagement,
> Mon deuxième accueille le grain comme les feuilles,
> Mon troisième possède son propre langage,
> Mon tout renferme un objet pour rattraper le temps. »

Étrange… À quoi cela peut-il correspondre ?

Retourne **page 16** pour reprendre ton exploration.

16

Tu tournes les roues du mécanisme pour rentrer la combinaison. Rien ne se passe… Tu réessaies, au cas où le cadenas serait simplement un peu enrayé, mais cela ne fonctionne toujours pas et, au passage, tu te coinces le doigt dans le mécanisme. Aïe ! Tu ferais mieux d'arrêter de forcer et d'aller trouver la bonne combinaison. Peut-être te manque-t-il un indice ? Quoi qu'il en soit, retourne dans la salle à manger de la Bête, **page 15**.

17

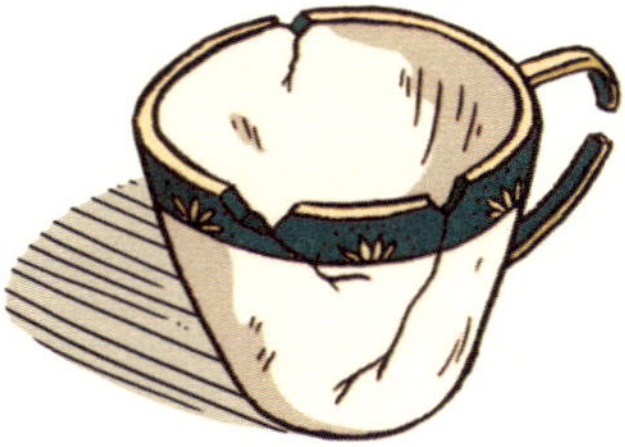

16

Tu tournes les roues du mécanisme pour rentrer la combinaison et... la boîte s'ouvre ! Bravo, tu as su te débrouiller pour trouver le bon code ! À l'intérieur du coffret, il y a trois objets : une rose, une tasse ébréchée et... ah non, ce n'est pas une bague ! Ce drôle d'instrument ressemble à un tout petit cylindre avec, au bout, une partie un peu plus large, plate et parfaitement ronde. En le prenant, tu remarques un bout de papier, posé juste en dessous, sur lequel est écrit « **couronne** ». En le dépliant, tu découvres un étrange schéma. À première vue, tu ne comprends pas vraiment à quoi il correspond. En l'étudiant de plus près, peut-être lui trouveras-tu un sens ? Dans tous les cas, même si tu n'es pas sûr de savoir à quoi sert cet objet, tu décides de le garder : après tout, il ne prend vraiment pas beaucoup de place...

Retourne maintenant dans la salle à manger de la Bête, **page 15**.

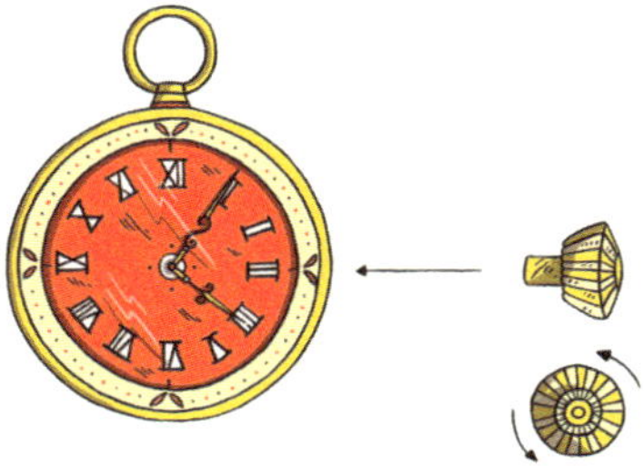

7 ◄- - - -

- - - -► 13

16

Tu tournes les roues du mécanisme pour rentrer la combinaison. Rien ne se passe… Ce n'est pas le bon code. Mince, tu étais pourtant sûr de ton coup ! Il te faut revenir en arrière pour trouver le code exact, sinon, tu risques de tourner en rond. Peut-être te manque-t-il un indice ? Quoi qu'il en soit, retourne dans la salle à manger de la Bête, **page 15**.

17

1

16

Tu tournes les roues du mécanisme pour rentrer la combinaison. Rien ne se passe… Tu réessaies, au cas où le cadenas serait simplement un peu enrayé, mais cela ne fonctionne toujours pas et, au passage, tu te coinces le doigt dans le mécanisme. Aïe ! Tu ferais mieux d'arrêter de forcer et d'aller trouver la bonne combinaison. Peut-être te manque-t-il un indice ? Quoi qu'il en soit, retourne dans la salle à manger de la Bête, **page 15**.

7

13

16

Tu tournes les roues du mécanisme pour rentrer la combinaison. Rien ne se passe… Tu réessaies, au cas où le cadenas serait simplement un peu enrayé, mais cela ne fonctionne toujours pas et, au passage, tu te coinces le doigt dans le mécanisme. Aïe ! Tu ferais mieux d'arrêter de forcer et d'aller trouver la bonne combinaison. Peut-être te manque-t-il un indice ? Quoi qu'il en soit, retourne dans la salle à manger de la Bête, **page 15**.

17 1

16

Tu tournes les roues du mécanisme pour rentrer la combinaison. Rien ne se passe… Ce n'est pas le bon code. Mince, tu étais pourtant sûr de ton coup ! Il te faut revenir en arrière pour trouver le code exact, sinon, tu risques de tourner en rond. Peut-être te manque-t-il un indice ? Quoi qu'il en soit, retourne dans la salle à manger de la Bête, **page 15**.

7

13

16

La Belle et la Bête

Tu arrives dans le conte de *La Belle et la Bête* à la recherche d'une galette et d'un petit pot d'encre au beurre… ou juste de beurre, peut-être ? Quoi qu'il en soit, tu t'es trompé : ce n'est pas du tout le bon conte et tu as définitivement perdu la trace du Chapelier. Reprends ton exploration **page 15**.

17

1

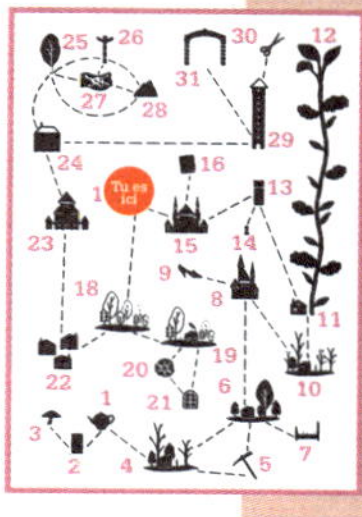

Une princesse en colère

Les traces de boue semblent s'arrêter ici… et la Princesse au petit pois n'a pas du tout apprécié la visite du Chapelier. Et pour cause : il a non seulement tout sali, mais il a aussi volé son petit pois ! La princesse est tout bonnement scandalisée par ce vol outrageant. Tu essaies de lui expliquer qui tu es et ce que tu cherches mais elle ne cesse de pester. Impossible d'en placer une ! Avant d'espérer obtenir la moindre information de sa part, il va falloir la calmer…

Si tu veux la rassurer en disant « Ne vous inquiétez pas, je vais retrouver ce chapardeur ! », va **page 86**.

Si tu préfères essayer une méthode plus radicale en disant « Les petits pois sont *has been* de toute façon. Laissez-moi vous trouver une belle tomate pour remplacer le vôtre ! », va **page 87**.

Tu peux aussi abandonner ici la poursuite du Chapelier et te rendre **page 17** pour reprendre ton exploration des contes.

15

18

Une princesse un peu moins en colère

Tes paroles font effet : la princesse s'arrête de pester et te considère d'un regard hautain.

– Ah oui ? Et comment comptes-tu t'y prendre ?

Si tu veux lui demander « Pourriez-vous me décrire précisément l'objet du délit, le voleur, l'heure qu'il était et tout ce dont vous avez été témoin, s'il vous plaît ? », va **page 88**.

Si tu préfères l'assurer de tes compétences en disant « J'ai toujours gagné toutes les chasses au trésor auxquelles j'ai participé, alors ça, ce sera du gâteau ! », va **page 89**.

Tu peux aussi abandonner ici la poursuite du Chapelier et te rendre **page 17** pour reprendre ton exploration des contes.

15

18

Oups…

La princesse arrête de parler et te lorgne longuement. Tu penses avoir réussi à la calmer, jusqu'au moment où elle ouvre la bouche pour hurler :

– UNE TOMATE ?! PARCE QUE J'AI UNE TÊTE À M'APPELER « LA PRINCESSE À LA TOMATE », PEUT-ÊTRE ?!

Oups… Tu ferais mieux de la laisser pour le moment. Enfuis-toi vite chez la Belle et la Bête, **page 15**, ou chez le Petit Chaperon rouge, **page 18**, pour continuer ton exploration loin de la princesse en colère.

15

18

Une princesse presque plus en colère

La princesse hausse les sourcils. Elle ne devait pas s'attendre à autant de professionnalisme de ta part ! Elle te décrit le petit pois pendant de bien trop longues minutes avant de passer au reste des détails. Tu savais déjà que le coupable était le Chapelier, mais elle t'apprend qu'il avait l'air extrêmement fatigué au moment du vol et qu'il bâillait beaucoup. Après avoir échoué à gravir la pile de matelas, il a lâché un cri hystérique, puis il est parti en hurlant, ce qui a considérablement heurté les délicates oreilles de la princesse.

Tu y es presque ! Il ne te reste plus qu'à la questionner au sujet du lieu vers lequel a pu partir le Chapelier… Mais attention à ta manière de le faire, elle est à deux doigts de s'énerver à nouveau ! Si tu veux dire « Ma très chère princesse, ce goujat recevra la punition qu'il mérite. Je pars immédiatement à sa poursuite ! », va **page 90**.

Si tu préfères « Chère princesse, merci infiniment pour votre aide. Me permettez-vous de vous poser une dernière question ? », va **page 91**.

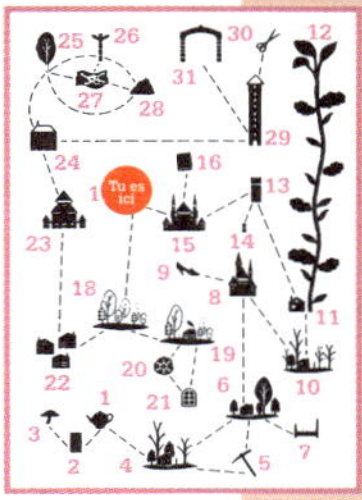

Si tu penses que la formulation « Madame la Princesse au petit pois, vous m'êtes aussi utile que vous me paraissez belle. Sans mentir, si votre ramage se rapporte à votre plumage, vous êtes la princesse des hôtes de ces matelas. Puis-je vous poser une dernière question ? » est mieux, va **page 92**.

Tu peux aussi abandonner ici la poursuite du Chapelier et te rendre **page 17** pour reprendre ton exploration des contes.

15

18

88

Oups…

La princesse arrête de parler et te lorgne longuement. Tu penses avoir réussi à l'amadouer, jusqu'au moment où elle ouvre la bouche pour te dire d'un ton méprisant :

– Tu compares mon précieux petit pois à un vulgaire prix de chasse au trésor ?

Elle prend une grande inspiration, puis commence à hurler :

– ARRÊTE DE ME FAIRE PERDRE MON TEMPS AVEC TES IMBÉCILITÉS !

Oups… Tu ferais mieux de la laisser pour le moment. Enfuis-toi vite chez la Belle et la Bête, **page 15**, ou chez le Petit Chaperon rouge, **page 18**, pour continuer ton exploration loin de la princesse en colère.

18

Tu n'as pas oublié quelque chose ?

La Princesse hoche la tête d'un air satisfait. Tu l'as convaincue de ta bonne foi ! Elle compte sur toi pour lui rapporter son petit pois mais… tu as l'impression d'avoir oublié quelque chose. Peut-être de lui demander par où est parti le Chapelier ? Retourne **page 88** !

15

18

Une princesse plus du tout en colère

La formulation est simple et respectueuse. La princesse est ravie ! En faisant de grands gestes, elle t'explique en détail le parcours suivi par le Chapelier, puis elle arrive à la partie qui t'intéresse. Selon elle, le Chapelier ne cessait de marmonner : « Petit lit, moyen lit, grand lit, lequel choisir ? » Eurêka ! Il n'y a qu'un seul conte qui correspond à cet indice mystérieux ! Va vite **page 51**.

1

Oups...

La princesse arrête de parler et te lorgne longuement. Tu penses avoir réussi à la séduire, jusqu'au moment où elle ouvre la bouche pour te dire d'un ton méprisant :

– Tu me compares à un oiseau ?

Elle prend alors une grande inspiration, puis commence à hurler :

– ON NE M'A JAMAIS AUTANT MANQUÉ DE RESPECT ! GAAAAARDES, FAITES-MOI SORTIR CE GROSSIER PERSONNAGE !

Oups... Tu ferais mieux de partir avant que les gardes arrivent. Enfuis-toi vite chez la Belle et la Bête, **page 15**, ou chez le Petit Chaperon rouge, **page 18**, pour continuer ton exploration loin de la princesse en colère.

15

18

17

Ramasser des fleurs sauvages

Tu t'enfonces dans la forêt, t'arrêtant de temps en temps pour cueillir quelques fleurs bleues, jaunes, roses et violettes. Tu chantonnes, insouciant, mais au bout d'un moment, sans savoir pourquoi, tu te sens mal à l'aise. C'est ici que le Petit Chaperon rouge rencontre le Grand Méchant Loup pour la première fois et, même sans cela, les forêts recèlent bien des dangers… Tu as presque l'impression qu'une ombre te suit ! Vite, tu reviens sur tes pas **page 18**.

22

17

Sur le sentier

Prudent, tu avances sur le sentier. Au bout d'un moment, tu croises quelqu'un qui marche dans le sens inverse : un chasseur ! Selon les versions, le Petit Chaperon rouge et sa grand-mère sont ou non sauvées par un chasseur, mais tu ne te rappelles plus quelle est la version de ton livre de contes... En tout cas, il s'arrête, te salue et te demande si tu acceptes de l'aider à relever ses collets. Il a pris du retard dans sa journée et, s'ils ne sont pas tous récupérés aujourd'hui, ils risquent de pourrir... Si tu acceptes de l'aider, va **page 95**. Sinon, tu peux reprendre ton exploration des contes **page 18**.

19

17

Aider le chasseur

Tu quittes le sentier pour t'enfoncer dans la forêt et le chasseur fait de même, de l'autre côté. Tu as déjà relevé quelques collets quand tu entends comme une petite voix qui t'appelle.

– Excusez-moi…

Elle semble venir d'au-dessus de toi. En levant la tête, tu aperçois une forme rouge au milieu des branches. C'est le Petit Chaperon rouge ! Elle pend, tête en bas, le pied pris dans une corde. Un **piège** ! Tu n'imaginais pas que ce genre de tour fonctionnait réellement…

– Je suis désolée de vous déranger, poursuit-elle, mais je marchais tranquillement et j'ai malencontreusement posé le pied dans un lasso de corde. J'ai entendu un grand rire fou juste après et, depuis, plus rien.

Tu en déduis qu'il s'agit encore d'un mauvais coup du Chapelier. Décidément ! Tu rassures la fillette en lui apprenant qui tu es et ce que tu fais là. Tu promets de l'aider.

– Merci beaucoup ! En plus, quand je ne suis pas là, le Grand Méchant Loup devient incontrôlable… Faites attention si vous le croisez ! Tant que je ne serai pas libérée, je ne pourrai pas vous aider à détourner son attention !

22

Tu sais comment libérer le Petit Chaperon rouge ? Bravo ! Sinon, reprends ton exploration des contes **page 18** pour trouver le bon objet.

Le Petit Chaperon rouge

Bravo ! Ton infaillible esprit de déduction ne t'a pas abandonné. Maintenant, il faut trouver où, exactement, se cache le Chapelier. Si tu penses qu'il est dans la forêt, va **page 18**. Pour aller devant la maison de Mère-Grand, c'est **page 19**.

1

23

Les Trois Petits Cochons

Tu arrives dans le conte *Les Trois Petits Cochons* à la recherche d'une galette et d'un petit pot d'encre au beurre… ou juste de beurre, peut-être ? Quoi qu'il en soit, tu t'es trompé : ce n'est pas du tout le bon conte et tu as définitivement perdu la trace du Chapelier. Reprends ton exploration **page 22**.

18

23

La maison de paille

Tu choisis d'aller dans la maison de paille. Tu es persuadé que c'est la bonne ! Tu y entres et commences à fouiller un peu partout pour trouver des objets qui te seraient utiles. Malheureusement, tu ne trouves pas grand-chose… Et cela ne s'arrange pas quand un cochon te surprend à l'intérieur. Tu t'es trompé de maison, ce qu'il te confirme en te mettant hors de chez lui. Oups ! Retourne vite **page 22** et, cette fois, ne te trompe pas !

23

La maison de bois

Tu choisis d'aller dans la maison de bois. Tu es persuadé que c'est la bonne ! Mais en essayant d'y entrer, tu te rends compte que la porte est fermée à clé. Tu as beau chercher une autre porte, tu n'en trouves pas. À tous les coups, tu t'es trompé de maison… Retourne **page 22** et, cette fois, ne te trompe pas !

18

23

La maison de brique

Tu choisis d'aller dans la maison de brique. Tu es persuadé que c'est la bonne ! Et, effectivement, la porte d'entrée est ouverte et il n'y a personne à l'intérieur. Tu vois plein d'objets disposés un peu partout. Tu ne pourras jamais tous les emporter, il va falloir faire un choix judicieux ! Sur le canapé du salon, tu trouves un petit oreiller et une couverture. Non, ça, tu vas le laisser ici. Dans la salle de bain, c'est la caverne d'Ali Baba ! Des mouchoirs, du savon et même de la mousse à raser ! Tu ne savais pas que les cochons avaient de la barbe… Tu ne vas pas non plus prendre ces objets avec toi. Sur la table de la cuisine, tu trouves un épluche-légumes, que tu laisses à sa place. En revanche, tu emportes le flacon d'**huile de paraffine** posé à côté. Il est suffisamment petit pour tenir dans ta poche sans te gêner.

Retourne **page 22** pour reprendre ton exploration des contes.

26

L'indice des Darling

Tu arrives dans le conte *Peter Pan*, chez les parents de Wendy, John et Michael, les enfants que Peter Pan emmène au Pays imaginaire. Mr et Mrs Darling t'accueillent chaleureusement dans leur maison. Nana, leur chienne, reste dans son coin. Apparemment, elle a besoin de se remettre de ses émotions depuis le passage du Chapelier. Tu demandes aux Darling s'ils ont une idée de l'endroit où il est allé. Heureusement pour toi, ils se souviennent exactement de la phrase qu'il ne cessait de marmonner quand il est passé par ici. Malheureusement, quand ils te la répètent, tu déchantes : c'est sans queue ni tête !

« De la poudre de Clochette chez La Barbe bleue, page soixante-dix ! »

Tu peux décider de suivre le Chapelier, mais, si tu en as assez de ses élucubrations, tu peux aussi abandonner ici sa poursuite et te rendre **page 24** pour continuer ton exploration des contes.

29

31 30

Les sanglots de Raiponce

Te voilà arrivé au pied de la tour de *Raiponce*, depuis laquelle s'échappent les sanglots de la princesse. Tu l'appelles mais elle refuse de se montrer. Entre deux hoquets, elle te décrit l'horrible tour que lui a joué le Chapelier et dont elle ne se remet pas : il a coupé sa belle et longue chevelure puis l'a emportée. Tu essaies de demander plus d'informations à Raiponce mais elle est trop occupée à se lamenter. Tu comprends vite qu'elle n'a aucune idée de l'endroit où est allé le Chapelier. Comment le retrouver, maintenant ?

Si tu ne trouves vraiment pas, tu peux aussi abandonner ici sa poursuite et te rendre **page 29** pour continuer ton exploration des contes.

24

24

Goûter la galette

Les domestiques te servent une part de galette que tu as hâte de déguster ! Mais, juste avant que tu n'en portes la première bouchée à tes lèvres, l'un d'eux s'effondre brusquement.

Plus gourmand que les autres, il venait justement de commencer à manger la sienne. Tout le monde accourt vers lui et le verdict tombe rapidement : la galette est empoisonnée. Tu le réalises enfin, c'est sûrement un coup tordu du Chapelier ! En attendant, le domestique ne bouge plus : c'est trop tard pour lui… jusqu'à ce que l'on vienne lui offrir un baiser d'amour véritable. En attendant, tu préfères reprendre ton exploration des contes en allant chez les Trois Petits Cochons, **page 22**, ou chez Peter Pan, **page 24**.

22

24

Examiner la galette

Tu t'approches de la galette et l'observes longuement. Tu ne saurais dire pourquoi, mais tu la trouves étrange. Peut-être parce qu'il n'y a aucune raison pour qu'une galette aux pommes se retrouve dans le conte de *Peau d'âne* ? Quoi qu'il en soit, tu exposes tes doutes à Peau d'âne et à son prince. Et si c'était un coup tordu du Chapelier ? Ils prennent tes paroles en compte et préfèrent jeter la galette. Va chez les Trois Petits Cochons, **page 22**, ou chez Peter Pan, **page 24**, pour reprendre ton exploration des contes.

22

24

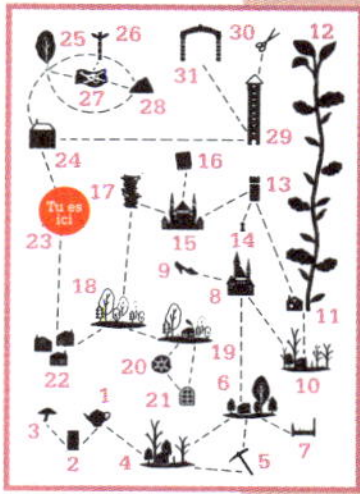

Se jeter sur Peau d'âne

Tu sautes sur Peau d'âne, ce qui manque de lui faire avaler sa cuillère. Le prince et les domestiques te regardent tous d'un air scandalisé. Qu'est-ce qui t'a pris ? En bredouillant, tu essaies de justifier ton geste : et si la galette était dangereuse, empoisonnée ? Heureusement pour toi, Peau d'âne prend ta défense et reconnaît qu'il vaudrait mieux se méfier compte tenu des événements en cours dans les autres contes du livre. Elle fait jeter la galette mais, malgré tout, tu perçois que l'ambiance s'est refroidie. Tu n'es plus vraiment le bienvenu ici… Va vite chez les Trois Petits Cochons, **page 22**, ou chez Peter Pan, **page 24**, pour reprendre ton exploration des contes.

22

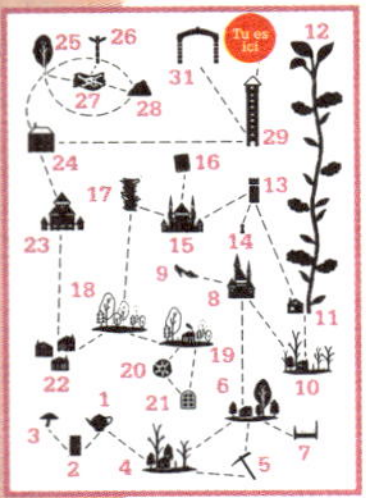

Les cheveux de Raiponce

Raiponce arrête complètement de pleurer, cette fois. Elle te lance un regard plein d'espoir en te demandant :

– Tu saurais faire ça ?

C'est une très bonne question… Tu n'es pas certain d'être plus doué que ta sœur, mais tu peux toujours essayer. Raiponce s'installe sur une chaise tandis que tu récupères un drap à nouer autour de son cou, sous ses cheveux. Puis tu prends les ciseaux. Quelle coupe vas-tu essayer de faire à la princesse ? Si tu optes pour un carré tout simple, va **page 108**. Si tu veux tenter le relooking total avec un dégradé et une frange, va **page 109**.

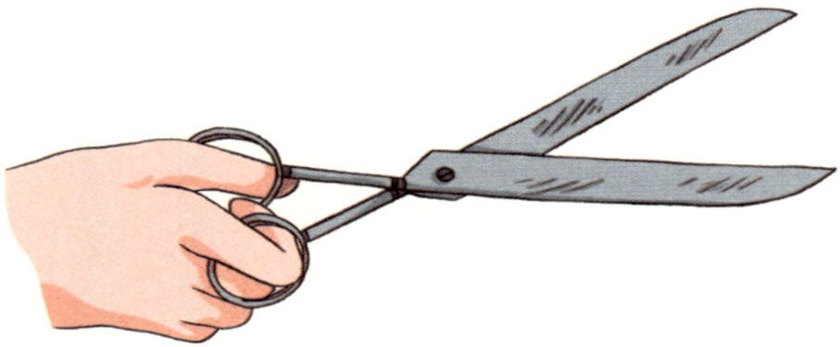

Le petit pois retrouvé

Bravo ! Tu as trouvé le bon conte : c'est *La Princesse au petit pois* ! Quand tu lui rapportes son légume, la princesse cesse soudainement de houspiller tout le monde et fonce vers toi. Elle saisit le petit pois et va le replacer, précautionneusement, sous ses vingt matelas et vingt édredons. Elle a tout à coup l'air beaucoup plus sereine. En y réfléchissant, tu comprends soudain pourquoi elle y est si attachée : c'est grâce à ce minuscule légume qu'elle réussit à prouver son rang de princesse. Elle te remercie d'un signe de la main. Tu peux reprendre ton exploration des contes **page 17** !

15

18

Le carré

Pour le carré, ce n'est pas trop compliqué : tu n'as qu'à égaliser les longueurs. Un peu à gauche, un peu à droite, au milieu… Tu reprends un peu les côtés car tu viens de réaliser que tu as trop coupé au milieu. Bon, ce n'est pas parfait mais c'est tout à fait satisfaisant. Pour une première fois, tu peux même être fier de toi ! D'ailleurs, Raiponce affiche une mine réjouie quand elle voit le résultat. Elle te remercie en poussant des petits cris de joie et elle n'arrête pas de se toucher les cheveux. Finalement, elle trouve qu'une coupe courte ne lui va pas si mal ! Retourne **page 30**.

29

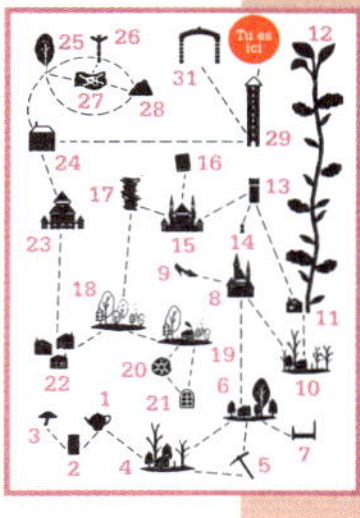

Le dégradé et la frange

Tu tentes le tout pour le tout ! Au bout de quelques coups de ciseaux, tu te rends compte que tu n'aurais peut-être pas dû… Le dégradé n'est pas du tout égalisé entre les deux côtés. Et la frange… N'en parlons même pas. Elle est beaucoup plus courte à gauche qu'à droite. Tu coupes à nouveau pour atteindre la même longueur, ce qui donne comme résultat une frange beaucoup trop courte, à la Jeanne d'Arc. Raiponce est dépitée en s'apercevant dans le miroir, mais tu tentes de te rattraper en prétendant que c'est la dernière mode dans ton collège. Heureusement pour toi, elle y croit et finit même par paraître assez satisfaite. Ouf ! Retourne vite **page 30** avant qu'elle ne remarque les mèches de cheveux que tu n'as pas réussi à bien couper et qui dépassent derrière…

29

11

Une délicieuse maison !

Oui, c'est bien *Hansel et Gretel* ! Tu retournes voir la sorcière et tu lui exposes ton idée. Elle accepte de te livrer le secret de sa recette de maison en pain d'épices. Cela te prend un peu de temps mais, avec l'aide du géant, tu réussis à fabriquer assez de pâte à gâteau pour la sorcière. Tu la lui apportes dans de grands seaux, ce qui lui permet de commencer à fabriquer des briques de pain d'épices. Au bout d'une heure, la sorcière a presque fini et tu lui as tout apporté. Elle s'arrête un instant pour te remercier avec un sourire grimaçant. Tu peux désormais reprendre ton exploration des contes **page 10** !

8

Le raccourci dans les arbres

Tu avances vers cette étrange brume aperçue dans le conte. Tu t'y enfonces jusqu'à ne plus rien voir… Puis, elle s'éclaircit à nouveau. Tu es toujours dans une forêt, mais elle s'étend dans plusieurs directions. Alors que tu pensais que la brume allait te perdre, tu t'aperçois qu'elle te sert en réalité de raccourci ! Où veux-tu aller maintenant ?

Si tu veux marcher vers la forêt inquiétante, va **page 4**.

Si tu veux marcher vers les bois rassurants, va **page 6**.

Si tu veux marcher vers la forêt sombre, va **page 10**.

Si tu veux marcher vers les bois lumineux, va **page 18**.

Le raccourci des châteaux

Tu avances vers cette étrange brume aperçue dans le conte. Tu t'y enfonces jusqu'à ne plus rien voir… Puis, elle s'éclaircit à nouveau. Tu es à un embranchement entre trois directions. Au bout de chacune, tu aperçois une immense bâtisse. Alors que tu pensais que la brume allait te perdre, tu t'aperçois qu'elle te sert en réalité de raccourci ! Où veux-tu aller maintenant ?

Si tu veux marcher vers le château féerique, va **page 8**.
Si tu veux marcher vers le château luxueux, va **page 15**.
Si tu veux marcher vers le palais, va **page 23**.

Le raccourci au pied des tours

Tu avances vers cette étrange brume aperçue dans le conte. Tu t'y enfonces jusqu'à ne plus rien voir... Puis, elle s'éclaircit à nouveau. Tu te retrouves face à trois chemins, chacun menant vers une tour différente. Alors que tu pensais que la brume allait te perdre, tu t'aperçois qu'elle te sert en réalité de raccourci ! Où veux-tu aller maintenant ?

Si tu veux marcher vers la tour bien droite, va **page 13**.
Si tu veux marcher vers la tour à l'air instable, va **page 17**.
Si tu veux marcher vers la tour immense, va **page 29**.

Le Chapelier raisonné

Le Chapelier te suit sans rechigner, absorbé par sa montre qui indique à nouveau l'heure du thé. Quand vous arrivez dans *Alice au pays des merveilles*, les personnages se précipitent vers vous. Tu fais attention au moment de passer par-dessus la page déchirée. Même si tu l'as réparée, tu n'es pas certain que ton raccommodage soit très solide. Quoi qu'il en soit, l'ambiance est désormais complètement différente. Alice, qui te regardait durement quand tu es arrivé dans le livre de contes, te remercie maintenant chaleureusement. Elle prend le Chapelier par la main et le ramène à sa table comme un petit enfant. Le Lièvre de Mars lui sert une tasse de thé. Le Loir, Alice et le Chat du Cheshire te sourient d'un air reconnaissant. Enfin, le Loir est surtout déjà en train de se rendormir et le Chat du Cheshire a toujours un sourire aussi inquiétant. Quant au Chapelier, tu te dis qu'il n'a pas l'air si méchant, finalement. Juste légèrement toqué.

Tu as rapporté l'**encre** avec toi, il te suffit désormais de l'utiliser correctement pour réécrire l'histoire du Chapelier et rentrer dans ton monde. Tu es à deux doigts de tout remettre en ordre : as-tu une idée d'objet à utiliser avec l'**encre** ? Si ce n'est pas le cas, tu peux reprendre ton exploration des contes **page 1** pour trouver des indices.

2

Tu es ici
2
3
4
5
6
7
8
9
10
11
12
13
14
15
16
17
18
19
20
21
22
23
24
25
26
27
28
29
30
31

De retour chez toi

L'univers merveilleux des contes de fées disparaît dans un tourbillon d'encre et tu te réveilles chez toi, assis à ton bureau, exactement dans la même position que lorsque tu t'es endormi. Et si tout cela n'avait été qu'un rêve ? Tu masses ton cou endolori d'être resté trop longtemps dans une mauvaise posture quand tu aperçois ton livre de contes toujours ouvert à côté de toi. À y regarder de plus près, il y a bien quelques gouttes d'encre presque effacées sur une page d'*Alice au pays des merveilles*. Tu n'aurais donc pas rêvé ?! Vite ! Tu prends le livre et vérifies les histoires. Rien ne semble avoir changé… ou presque ! On dirait que le carrosse de Cendrillon ressemble davantage à une courge butternut qu'à une citrouille. Fébrile, tu ouvres le livre à la page où les personnages prennent le thé dans *Alice au pays des merveilles*. Tout le monde est attablé, Alice observe la scène avec des yeux ronds. Tu tournes la page et, alors que ton regard quitte l'image un instant, tu jurerais qu'Alice t'a fait un clin d'œil !

ESCAPE

LIVRET D'ACTIONS

Objet 1 + **Objet 2** = **Rends-toi page...**

Ici, tu vas pouvoir utiliser les objets que tu as trouvés pour progresser dans l'histoire. Pour cela, tu dois simplement en choisir deux à employer ensemble. Repère-les dans le tableau ci-dessous, il y en a un dans une ligne et un dans une colonne. Au croisement des deux, tu trouveras le numéro de la page à laquelle te rendre pour savoir ce qui se passe quand tu les combines. Les objets que tu trouveras dans la suite de l'histoire sont listés dans le tableau du rabat droit du livre, qui fonctionne exactement de la même façon.

Par exemple, que pourrais-tu utiliser avec la **page déchirée** ? Si tu veux l'utiliser avec la **motte de beurre**, va **page 118**. Si tu préfères l'utiliser avec le **kit de couture**, va **page 119**, avec le **service à thé**, va **page 120**. Et ainsi de suite. Comme tu le vois, c'est à toi de choisir directement quels objets utiliser pour savoir s'ils fonctionnent bien ensemble.

Bonne chance !

Objet 1 \ Objet 2	Page déchirée	Motte de beurre	Kit de couture	Service à thé
Page déchirée		**118**	**119**	**120**
Motte de beurre	**118**		**122**	**129**
Kit de couture	**119**	**122**		**136**
Service à thé	**120**	**129**	**136**	

Motte de beurre + Page déchirée

Tu prends la motte de beurre et... tu ne sais pas trop quoi en faire. Tu pourrais beurrer les deux bouts de page, mais tu n'es pas vraiment sûr que cela les recollerait. Le Loir te regarde, circonspect.

– Non, non, ça ne fonctionnera pas.

Il te reprend la motte de beurre des doigts et la range dans sa poche.

Retourne **page 117** pour choisir autre chose.

Kit de couture + Page déchirée

Tu prends le kit de couture et tu en sors sa plus grande aiguille ainsi qu'une bobine de fil. Le Loir te regarde faire, les yeux pleins de sommeil. Tu entreprends de recoudre méthodiquement les deux morceaux de page ensemble – en faisant bien attention à ne pas tomber dans le vide. Le résultat n'est pas magnifique mais, au moins, quand tu essaies de poser le pied sur l'autre partie de la page, tu n'es plus bloqué ! Bravo, tu as réussi à utiliser les bons objets ensemble pour avancer dans l'histoire. Le Loir récupère ses affaires.

– Bonne… Oooaaaah… Bonne chance, te murmure-t-il avant de retourner à table avec Alice et le Lièvre de Mars.

Retourne **page 1** pour poursuivre ton exploration !

Page déchirée + Service à thé

Tu prends le service à thé et… tu ne sais pas trop quoi en faire. Tu pourrais verser du thé sur le papier, mais tu n'es pas vraiment sûr que cela le recollerait. Le Loir te regarde, circonspect.

– Non, non, ça ne fonctionnera pas.

Il te reprend le service à thé et le range dans sa poche.

Retourne **page 117** pour choisir autre chose.

Haricot + **Trou dans la terre**

Tu lances le haricot dans le trou en espérant qu'il soit bien magique. Tu attends quelques secondes sans que rien ne se passe... Tout à coup, une plante pousse jusqu'au ciel à une vitesse vertigineuse ! Félicitations, tu as débloqué un nouveau lieu, en haut du haricot ! Va vite **page 12** pour le découvrir.

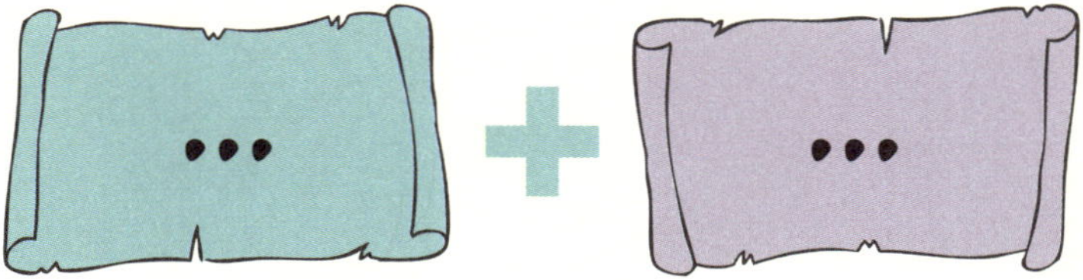

Oui, très bonne idée ! Ces deux objets vont forcément fonctionner ensemble. Sauf que... non, pas du tout. Dommage ! Tu peux directement essayer une nouvelle combinaison ou reprendre ton exploration en retournant où tu étais dans le livret d'aventure.

Baguette magique + **Courge**

Tu tends à Marraine la bonne fée la plus petite des courges que tu as pu trouver dans le potager du géant. Dès qu'elle l'aperçoit, elle se met à sautiller d'excitation (ou plutôt, à flottiller d'excitation ?). Elle s'arme de sa baguette et lance un éclair vers la cucurbitacée. En un instant, le légume grossit jusqu'à devenir un magnifique carrosse-butternut ! Elle transforme ensuite le rat en cocher, six souris en chevaux et six lézards en laquais. Un dernier coup de baguette sur les vêtements de Cendrillon et voilà : elle est prête à aller au bal. Pour te remercier, elle t'y convie. Va vite **page 9** pour profiter de la fête !

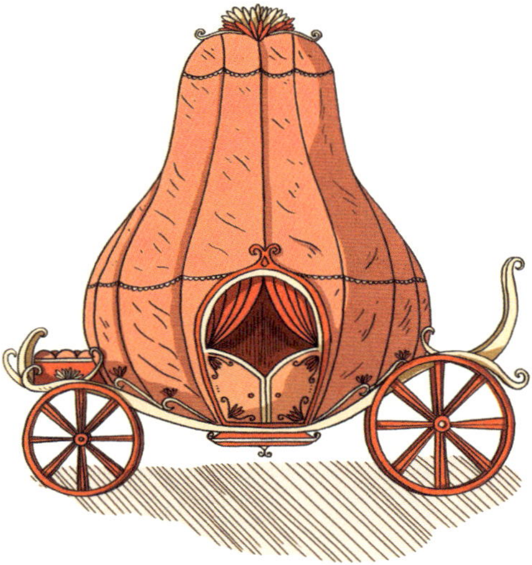

Clé tachée + Serrure du cabinet

Bien sûr ! La petite clé tachée de sang vient du conte *La Barbe bleue* ! Tu l'insères dans la serrure et... elle ne tourne pas. Pourtant, tu es certain que c'est la bonne ! Peut-être que la serrure est tout simplement grippée ? Il faut trouver un moyen pour que la clé y glisse à nouveau... comme dans du beurre ! Retourne **page 13**.

C'est bon, tu as trouvé comment dégripper la serrure ? Si ce n'est pas le cas, arrête ta lecture et retourne **page 13** pour continuer ton exploration !

Tu insères à nouveau la clé dans la serrure et tu la tournes. Un déclic se fait entendre. Ta main est posée sur la poignée mais tu hésites. Tu te souviens parfaitement de ce conte... L'horreur qui saisit la femme de Barbe bleue quand elle découvre ce que renferme ce petit cabinet... Tout le sang par terre... As-tu vraiment envie d'ouvrir cette porte ? D'un autre côté, le Chapelier s'y cache peut-être. Tu n'as pas véritablement le choix... Inquiet, tu entres. Va **page 14** pour découvrir ce que renferme le cabinet.

Baguette magique + Haricot

Tu apportes le haricot à Marraine la bonne fée. D'abord lumineux parce que tu lui proposes quelque chose, son visage se fane quand elle aperçoit le minuscule légume. Elle secoue la tête, désolée. Ce n'est pas avec cela que Cendrillon pourra se rendre au bal, enfin ! De quoi aurait-elle l'air ? D'une princesse de seconde zone ? Retourne dans le livret d'aventure **page 8** pour reprendre ton exploration.

Huile de paraffine + Serrure du cabinet

Quelle bonne idée ! Tu mets un peu d'huile de paraffine sur la serrure de la porte. Voilà, comme ça, la clé devrait y glisser plus facilement. Justement, si tu l'as trouvée, tu peux l'utiliser à nouveau sur la serrure et enfin ouvrir cette porte en te rendant **page 124** ! Sinon, retourne **page 13** pour continuer ton exploration des contes.

Encre + Poudre de fée

Tu prends une pincée de poudre de fée et la laisses tomber au-dessus du pot d'encre. Le liquide s'envole hors de son bocal, se divise en gouttelettes et virevolte dans les airs. C'est très joli mais tu as peur que l'encre ne se perde... Tu prends le pot et t'en sers pour récupérer toutes les gouttes d'encre avant qu'il ne soit trop tard. Ce n'est pas ainsi que tu rentreras chez toi. Choisis un autre objet ou reprends ton exploration.

Grappin et corde + Tour de Raiponce

Armé de ton grappin, tu te positionnes devant la tour. Tu cries à Raiponce de s'écarter de la fenêtre pour ne pas risquer d'être blessée, puis tu lances le grappin. Il retombe une première fois, mais tu ne te décourages pas et tu réessaies. Cette fois, cela fonctionne ! Il s'accroche au rebord de la fenêtre et Raiponce se précipite pour le caler. Parfait, tu peux désormais escalader la tour. Va vite **page 30** pour en découvrir l'intérieur !

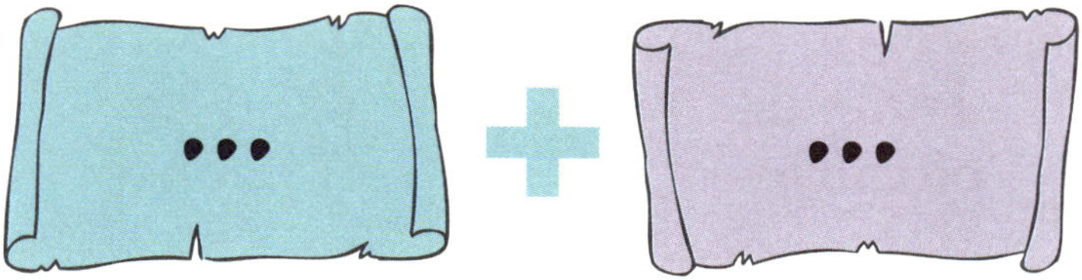

Tiens, et si tu essayais de combiner ces deux objets ? En mettant le premier dans ce sens et le second dans l'autre... Malheureusement, cela ne donne rien de très concluant. Tant pis, retourne dans le conte que tu visitais, dans le livret d'aventure, ou essaie une autre combinaison d'objets !

Huile de paraffine + **Lanterne**

Tu remplis la lanterne d'un peu d'huile de paraffine. Il en reste juste assez dans le flacon pour que tu puisses t'en servir encore une fois. Parfait ! Désormais, tu vas pouvoir t'éclairer n'importe où. Connais-tu un lieu très sombre que tu pourrais maintenant explorer ? Si tu n'as pas d'idée, reprends ton exploration des contes dans le livret d'aventure.

Baguette magique + Poudre de fée

Que se passe-t-il quand on utilise deux objets magiques ensemble ? Eh bien, ils sont encore plus magiques ! La baguette flotte dans les airs et la poudre de fée frétille encore plus que d'habitude. C'est sympathique mais pas très utile. Reprends ton exploration dans le livret d'aventure, là où tu étais.

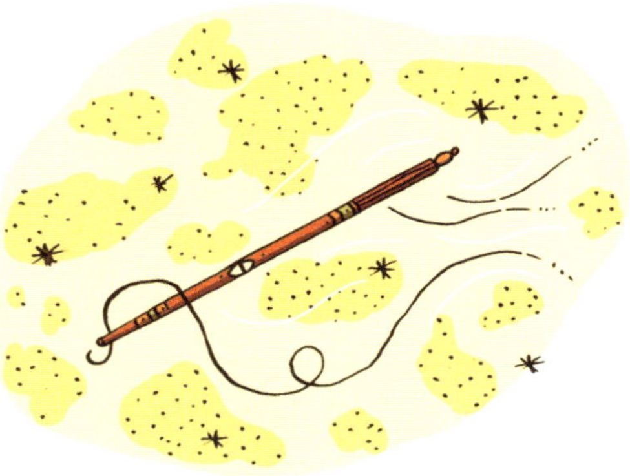

Canif + **Piège**

Tu sors ton canif et l'approches de la corde qui retient le Petit Chaperon rouge dans les airs. Elle te regarde d'un air inquiet et, à vrai dire, elle a raison. À peine le fil coupé, la petite fille s'écrase au sol. Elle met quelques instants à se relever et à se remettre d'aplomb. Puis, sans plus tarder, elle t'emmène vers la maison de Mère-Grand.

– Après m'avoir tendu un piège, le Chapelier s'est enfermé chez Mère-Grand ! Je m'inquiète beaucoup pour elle, elle est sûrement restée coincée avec ce fou. Et le Grand Méchant Loup qui doit rôder, sans comprendre ce qu'il se passe… C'est vraiment une catastrophe !

La petite fille marche tellement vite que vous arrivez devant la petite demeure en moins de temps qu'il n'en faut pour dire « bobinette » ! Et, justement, vous trouvez le Grand Méchant Loup qui s'acharne dessus, sans succès. Tu proposes un plan au Petit Chaperon rouge : tu t'occupes de retrouver le Chapelier et Mère-Grand. De son côté, si elle pouvait s'arranger pour que le loup ne t'empêche pas d'accomplir ta mission, ce serait bien.

– Pas de problème ! s'exclame-t-elle en commençant déjà à s'avancer vers lui. Je m'en occupe ! Ne t'inquiète pas !

Tu observes, tout de même un peu inquiet, la petite fille qui part à la rencontre du loup. Elle n'a pas l'air effrayée, et tu n'as aucune idée de comment elle fait. Quoi qu'il en soit, elle parvient à l'entraîner plus loin, libérant le passage. Tu touches bientôt au but ! Va vite **page 19**.

Huile de paraffine + **Légume**

Tu as soudainement une idée brillante : ajouter un peu d'huile sur le légume avant de le cuire. Sauf que, premièrement, tu n'as pas d'outils sous la main pour faire cuire quoi que ce soit et, deuxièmement, ce légume te sera peut-être utile pour la suite. Mieux vaut éviter de le manger pour le moment. Retourne où tu étais dans le livret d'aventure pour reprendre ton exploration.

Lucarne + **Poudre de fée**

Tu lances une poignée de poudre de fée au-dessus de toi et, tout à coup, tu sens ton corps devenir de plus en plus léger... Tu voles ! Quelle sensation incroyable ! Tu virevoltes et fais des tours sur toi-même, profitant du moment. Puis, tu te rappelles où tu es et tu te diriges vers la lucarne. Facile d'y grimper, quand on vole... Va **page 20** pour découvrir la maison de Mère-Grand.

Grappin et corde + Lucarne

Oui, quelle brillante idée ! Sauf que le grappin ne trouve aucune prise sur le rebord de la lucarne et retombe plusieurs fois lourdement sur le sol. Dommage, il va falloir trouver autre chose. Tu peux reprendre ton exploration dans le livret d'aventure **page 21**, ou essayer une autre combinaison grâce au tableau d'interactions.

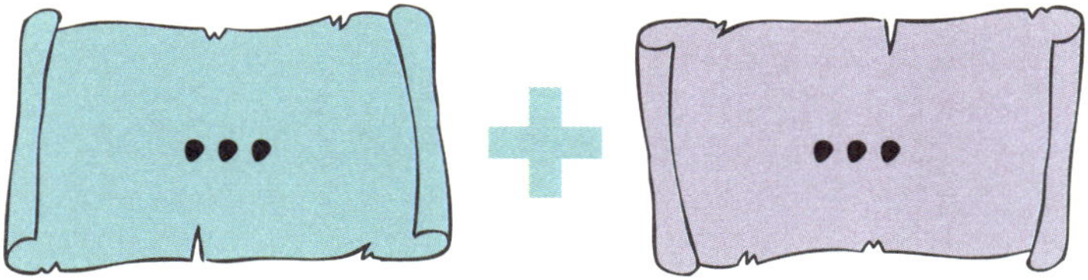

Ces deux objets devraient fonctionner ensemble, non ? Eh bien, non. Ce n'est pas grave, essaie une autre combinaison, ou retourne là où tu étais dans le livret d'aventure.

Ce serait vraiment malin de combiner ces deux objets ! Personne avant toi n'y avait pensé.

Tout compte fait, il y avait peut-être une raison : cela ne fonctionne pas du tout. Vite, retourne dans le livret d'aventure ou essaie directement une autre combinaison d'objets !

Plume de dodo + Poudre de fée

Tu saupoudres un peu de poudre de fée sur la plume de dodo. Elle se met à flotter en l'air... Tu souffles dessus et elle virevolte.

C'est très joli ! Mais pas très utile. Allez, la pause est terminée ! Retourne dans le livret d'aventure pour continuer ton exploration des contes.

Baguette magique + Encre

Tu apportes l'encre à Marraine la bonne fée pour qu'elle utilise sa baguette dessus. C'était une bonne idée mais, malheureusement, il semblerait que l'encre ne soit pas sensible à ce type de magie. Rien ne se passe.

Comment donc utiliser cette encre ? Peut-être de manière plus traditionnelle ? Tu devrais chercher un autre objet. Reprends ton exploration ou essaie directement une nouvelle combinaison d'objets si tu sais quoi utiliser.

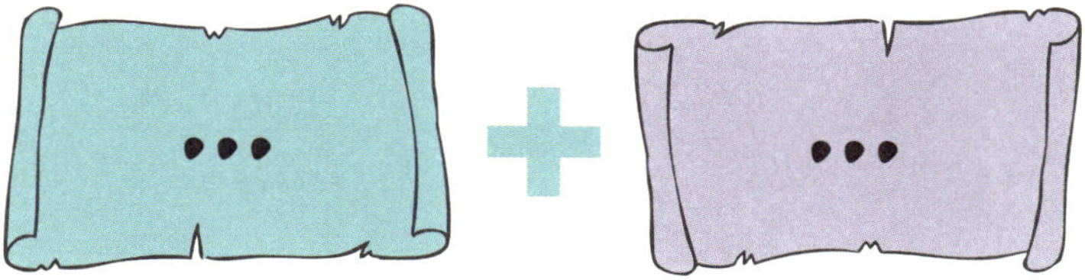

Oui, très bonne idée ! Ces deux objets vont forcément fonctionner ensemble. Sauf que... non, pas du tout. Dommage ! Tu peux essayer directement une nouvelle combinaison, ou reprendre ton exploration en retournant où tu étais dans le livret d'aventure.

Clé tachée + Tour de Raiponce

La petite clé en main, tu te diriges vers la tour. Mais, même en cherchant partout, impossible de trouver la moindre porte, et encore moins de serrure. Dommage ! Il y a sûrement une autre porte, ailleurs, que cette clé pourra déverrouiller. Retourne dans le livret d'aventure **page 29**, pour continuer ton exploration.

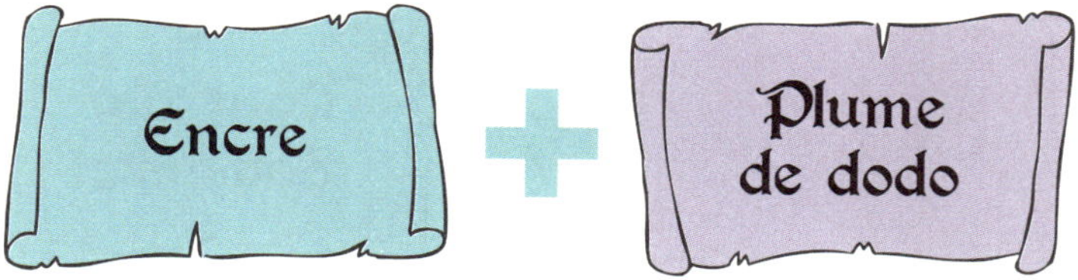

Fébrile, tu trempes la pointe de la plume de dodo dans le pot d'encre. Tu la lèves devant toi et commences à écrire en l'air. Étrangement, les mots te viennent tout seuls.

Soudain, les lettres s'illuminent et une lumière les transperce, au point de t'éblouir. Tu fermes les yeux, aveuglé.

Va **page 115** pour découvrir la fin de ton aventure !

Couronne + **Montre à gousset**

Ça y est ! Tu sais quel objet te serait utile pour aider le Chapelier. Tu sors la couronne de ta poche et la dévoiles au Chapelier. Au début, il te regarde d'un air effrayé et refuse de te donner sa montre à gousset, à laquelle il se cramponne comme si elle renfermait sa vie. Mais tu lui parles doucement et le rassures : tu veux l'aider. Il finit par accepter de te laisser sa montre et te regarde fixer la couronne dessus, l'air très inquiet. Finalement, il pousse un petit cri de joie quand le tic-tac de la trotteuse reprend. Il t'arrache la montre des mains, complètement excité, en criant de sa voix nasillarde : « C'est l'heure du thé ! »

Bravo ! Tu as fait preuve d'empathie en aidant le Chapelier avant de rentrer chez toi. Maintenant, il faudrait le ramener dans son conte. Étrangement, c'est plus simple que tu ne l'imaginais. Il se laisse entraîner sans rechigner, tout à son bonheur d'avoir retrouvé son jouet. Comment Alice et les autres personnages vont-ils réagir quand ils te verront arriver avec lui ? Va vite **page 114** pour le découvrir !

ESCAPE

INVENTAIRE

Les objets

• **Baguette magique** : la baguette magique de Marraine la bonne fée lui permet de transformer les objets pour aider Cendrillon. Encore faut-il qu'elle ait des objets à transformer...

• **Canif** : un petit couteau avec un manche en bois. La lame peut se plier et se ranger, pour éviter de se blesser en le transportant.

• **Clé tachée** : une petite clé sur laquelle se trouve une tache écarlate. Même en la frottant des heures, impossible de la nettoyer.

• **Courge** : le potager du géant dans *Jack et le Haricot magique* regorge de belles et immenses courges. Seule l'une d'elles est assez petite pour que tu puisses la transporter.

• **Couronne** : un objet minuscule et très étrange. Tu ne sais pas trop à quoi il peut servir. Quoique... Il te semble en avoir déjà vu un sur la montre de ton père.

• **Encre** : l'encre que tu as fait tomber et dont le Chapelier s'est servi pour fuir son conte et t'enfermer dans le livre. Si tu ne la retrouves pas, tu devras y rester pour toujours...

• **Grappin et corde** : une sorte de gros crochet à plusieurs pointes avec sa corde. Très pratique pour escalader les bâtiments.

• **Haricot** : un haricot trouvé sous une vingtaine de matelas. Peut-être a-t-il une particularité ou... peut-être pas.

• **Huile de paraffine** : un flacon rempli d'huile de paraffine. C'est une huile que certains utilisent pour cuisiner, mais elle peut aussi avoir d'autres utilités.

- **Lanterne :** une jolie lanterne à huile. Elle serait très pratique pour s'éclairer dans la nuit mais elle n'a malheureusement plus d'huile et est, pour le moment, inutilisable.
- **Lucarne :** la petite lucarne derrière la maison de Mère-Grand reste toujours ouverte. Malheureusement, elle est placée trop haut pour que tu puisses l'atteindre sans t'aider d'un objet.
- **Montre à gousset :** la montre à gousset du Chapelier est complètement déréglée. Elle affiche normalement l'heure du thé, mais elle est bloquée à l'heure du souper, ce qui ne convient pas du tout au Chapelier.
- **Piège :** la corde dans laquelle le pied du Petit Chaperon rouge est prisonnier. Il faut trouver un moyen de l'en libérer !
- **Plume de dodo :** une très belle plume noire qui a sûrement appartenu à l'un des dodos de l'histoire d'*Alice au pays des merveilles*.
- **Poudre de fée :** de la poudre de la fée Clochette. C'est grâce à elle que les enfants peuvent s'envoler et partir au Pays imaginaire.
- **Serrure du cabinet :** la porte du petit cabinet du château de *La Barbe bleue* est fermée à clé.
- **Tour de Raiponce :** le seul moyen d'escalader l'immense tour de Raiponce est qu'elle jette sa chevelure au pied de la bâtisse. Malheureusement, le Chapelier l'en a privée...
- **Trou :** un énorme trou dans le jardin de Jack attend que l'on vienne y planter un légume magique pour continuer le conte.

ESCAPE

LIVRET D'INDICES

Les indices du Chat du Cheshire

Bienvenue dans le livret d'indices ! Commence par lire le paragraphe ci-dessous, puis rends-toi au numéro correspondant à la page où tu as besoin d'aide.

Alors que tu te creuses les méninges pour trouver la solution, un sourire apparaît devant toi… Oui, un sourire ! Les paroles d'Alice te reviennent en tête : « J'ai déjà vu un chat sans sourire, mais jamais un sourire sans chat. » Le Chat du Cheshire ! Il t'aidera à y voir plus clair… si tu comprends ce qu'il raconte.

3. La Chenille ne semble pas surprise par l'apparition du Chat du Cheshire. Ce dernier lui adresse son sourire.

– Qu'est-ce qui vient en premier, le deux ou le un ?

– Le deux, évidemment, répond platement la Chenille.

Tu secoues la tête. Ils commencent à être agaçants avec leurs énigmes sans queue ni tête ! Retourne **page 3**.

8. Heureux d'avoir un peu d'aide, tu demandes au Chat ce qu'est une cucurbitacée et dans quel conte en trouver.

– Je ne suis pas le mieux placé pour ça, te répond-il avec un large sourire. Un bon livre est tellement plus intéressant.

Il tend ses pattes pour s'étirer avant de s'enrouler sur lui-même, toujours en flottant dans les airs. Puis il disparaît. Retourne **page 8**.

10. Les paroles de la sorcière te trottent dans la tête. Où trouver des ustensiles géants ? Le Chat du Cheshire ronronne en souriant.

– Trouver un géant dans un conte ? Ce n'est pas compliqué… Ils sont comme les princesses : ils adorent les trésors et vivre en hauteur.

Son sourire s'élargit davantage, puis il disparaît. Retourne **page 10**.

13. Le sourire du Chat s'élargit à tel point que tu peux aisément compter toutes ses dents pointues. Il s'étire les pattes en en sortant de longues griffes aiguisées…

– La clé de Barbe bleue se reconnaît facilement une fois tombée dans le sang de ses victimes…

Étonnamment, tu te sens beaucoup mieux quand tu le vois disparaître. Retourne **page 13**.

19. Le Chat n'est pas un personnage de ce conte mais il sait peut-être comment entrer dans la maison ? Cependant, toujours avec un grand sourire, il secoue la tête de gauche à droite.

– Il n'y a que la petite fille qui pourra t'aider, t'apprend-il avant de disparaître.

Retourne **page 19**.

20. – Tu veux aider le Chapelier ? te demande le Chat du Cheshire en regardant son compagnon de conte. Il faut remonter sa **montre** à la bonne heure. Pour rentrer chez toi, par contre, de quoi écrire suffira.

Tu le vois agiter la queue, qui disparaît progressivement, suivie de tout son corps puis de sa tête, jusqu'à ce qu'il ne soit plus là du tout. Retourne **page 20.**

21. Soulagé d'avoir de l'aide, tu demandes au Chat s'il peut t'aider à grimper jusqu'à la **lucarne**. Son sourire s'élargit.

– Pourquoi grimper quand on peut voler ?

Tu le vois s'élever de plus en plus haut dans le ciel, jusqu'à n'être plus qu'un tout petit point. Retourne **page 21**.

29. La queue du Chat se dresse et, sans se départir de son sourire, il feule doucement.

– Il faut vraiment être fou pour escalader une **tour** grâce à une chevelure !

Puis il disparaît d'un coup. N'y a-t-il pas, en effet, plus classique ? Retourne **page 29**.

41. En voyant le Chat du Cheshire, le miroir magique fait la grimace. Le Chat, lui, élargit son sourire.

– Avec le miroir, mon beau miroir, il ne faut pas y aller par quatre chemins.

Le miroir souffle, exaspéré, pendant que le Chat disparaît. Retourne **page 41**.

63. Tu regardes le Chat du Cheshire, complètement perdu. La page de droite ?

– À droite ou à gauche, chantonne le Chat souriant. Dans quel sens lis-tu ?

Puis il s'affaisse sur une branche en faisant mine de tourner les pages d'un livre invisible… avant de disparaître, lui aussi. Retourne **page 63**.

77. Une rose apparaît comme par magie entre les pattes du Chat, qui s'installe tout près de toi. Il respire le parfum de la fleur avant de faire glisser les pétales sur ta joue. C'est très étrange… Tu cherches à t'échapper discrètement quand il te dit :

– Une rose rouge pour la passion… Du muguet pour porter chance… Un lys pour la pureté…

Devant ton regard étonné, il ajoute :

– Tu ne sais donc pas que les fleurs ont leur propre langage ? C'est que tu dois être fou !

Puis il disparaît, laissant la rose tomber au sol. Retourne **page 77**.

85. Le Chat te regarde d'un air goguenard. Il a l'air de trouver amusant ta situation pourtant peu agréable… Soudain, il se rapproche de toi et te susurre à l'oreille :

– Il ne faut jamais énerver une princesse déjà en colère…

Si c'était pour avoir ce genre de conseil, tu n'avais pas besoin de lui… D'ailleurs, tu n'as même pas le temps de tourner la tête que, déjà, il a disparu. Retourne **page 85**.

95. Alors que tu cherches un moyen de libérer le Petit Chaperon rouge de son piège, le Chat apparaît devant toi, sort ses griffes et les aiguise contre un tronc d'arbre. Il te regarde avec un large sourire, ce qui te met très mal à l'aise. Soudain, tu as une brillante idée : ses griffes et la **corde** ! Mais tu n'as pas le temps de lui en parler car, tout à coup, il disparaît. Retourne **page 95**.

101. Puisqu'il est là, tu demandes au Chat s'il a une idée du conte où est allé le Chapelier. Il te sourit. Sa tête tourne sur elle-même, ce qui lui donne un air encore plus étrange.

– Il faut parfois regarder à l'envers pour comprendre à l'endroit…

Puis sa tête revient à sa place dans un tourbillon tellement rapide que tes yeux ne suivent plus. Tu les fermes et, en les rouvrant, tu constates que le Chat a disparu. Retourne **page 101**.

102. Tu es complètement perdu. Tu as l'impression que, cette fois, il n'y a vraiment aucun indice laissé par le Chapelier. Tu demandes son aide au Chat, qui te rétorque :

– Retrouver le Chapelier ? Pour quoi faire ?

Agacé, tu t'apprêtes à partir quand il ajoute :

– Puisque tu as l'air fou, comme tout le monde ici, pourquoi ne pas suivre le chemin doré ?

Tu ne sais pas si tu es fou mais tu sais que tu le seras bientôt si tu continues à écouter le Chat. Heureusement, il disparaît. Maintenant, par où aller ? Retourne **page 102**.

ILS VÉCURENT HEUREUX ET EURENT BEAUCOUP DE RÉCOMPENSES...

Bravo, tu as terminé ton aventure ! Mais as-tu bien accompli toutes les actions possibles dans le livre ? Tu peux le vérifier ci-dessous et découvrir quelles récompenses tu as gagnées. S'il t'en manque, tu peux essayer de les obtenir en recommençant l'aventure depuis le début.

Tes actions	Tes récompenses
Tu as retrouvé le Chapelier et l'encre !	Bravo, tu es de retour chez toi !
Tu as remis le petit pois sous la pile de matelas ?	La Princesse au petit pois t'offre… l'autorisation de lui adresser la parole. C'est déjà ça…
Tu as aidé la sorcière à se cuisiner une nouvelle maison en pain d'épices ?	La sorcière te permet d'en goûter la porte d'entrée !
Tu as trouvé une paire de chaussures pour Cendrillon ?	Marraine la bonne fée te prête sa baguette magique pour te remercier !
Tu as jeté la galette empoisonnée avant que quelqu'un n'en mange et sans contrarier Peau d'âne ?	Grâce à toi, le royaume est sauf !
Tu as arrangé les cheveux de Raiponce ?	Raiponce se contemple dans son miroir, ravie, et en oublie de pleurer !
Tu as sauvé le Petit Chaperon rouge ?	Une fois remise de ses émotions, elle t'apporte une galette et un petit pot de beurre !
Tu as retrouvé l'ordre complet dans lequel le Chapelier a visité les contes ?	Bravo ! Même le miroir magique reconnaît, du bout des lèvres, que « tu n'es pas un si mauvais détective, en fin de compte »…
Tu as réparé la montre du Chapelier et tu l'as ramené dans son conte ?	Alice et ses amis t'invitent à célébrer ta victoire devant un grand banquet… fait principalement de thé !